Käthe Bleicher

Liebevolle Eltern – zufriedene Babys

Käthe Bleicher

Liebevolle Eltern – zufriedene Babys

Ein feinfühliger Umgang, der Beziehung schafft

Verlag Freies Geistesleben

1. Auflage 2021

Verlag Freies Geistesleben
Landhausstraße 82, 70190 Stuttgart
www.geistesleben.com

ISBN 978-3-7725-3145-3

ⓔ auch als eBook erhältlich

Gestaltung & Satz: Bianca Bonfert
Umschlagfoto: plainpicture / Valerie Schmidt
Fotos: photocase: Julia Beatty (S. 8); Addictive Stock (S. 19, 98);
Miss X (S. 34); SwaddleDesigns (S. 63); Paulo Sousa (S. 78, 92);
nektarstock (S. 88); Edyta Pawlowska (S. 97);
davidpereiras (S. 110); lisa fritsch (S. 118)
Druck: GGP Media GmbH, Pößneck
Printed in Germany

FSC www.fsc.org MIX Papier aus verantwortungsvollen Quellen FSC® C014496

Klimaneutral Druckprodukt ClimatePartner.com/53248-2106-1005

Inhalt

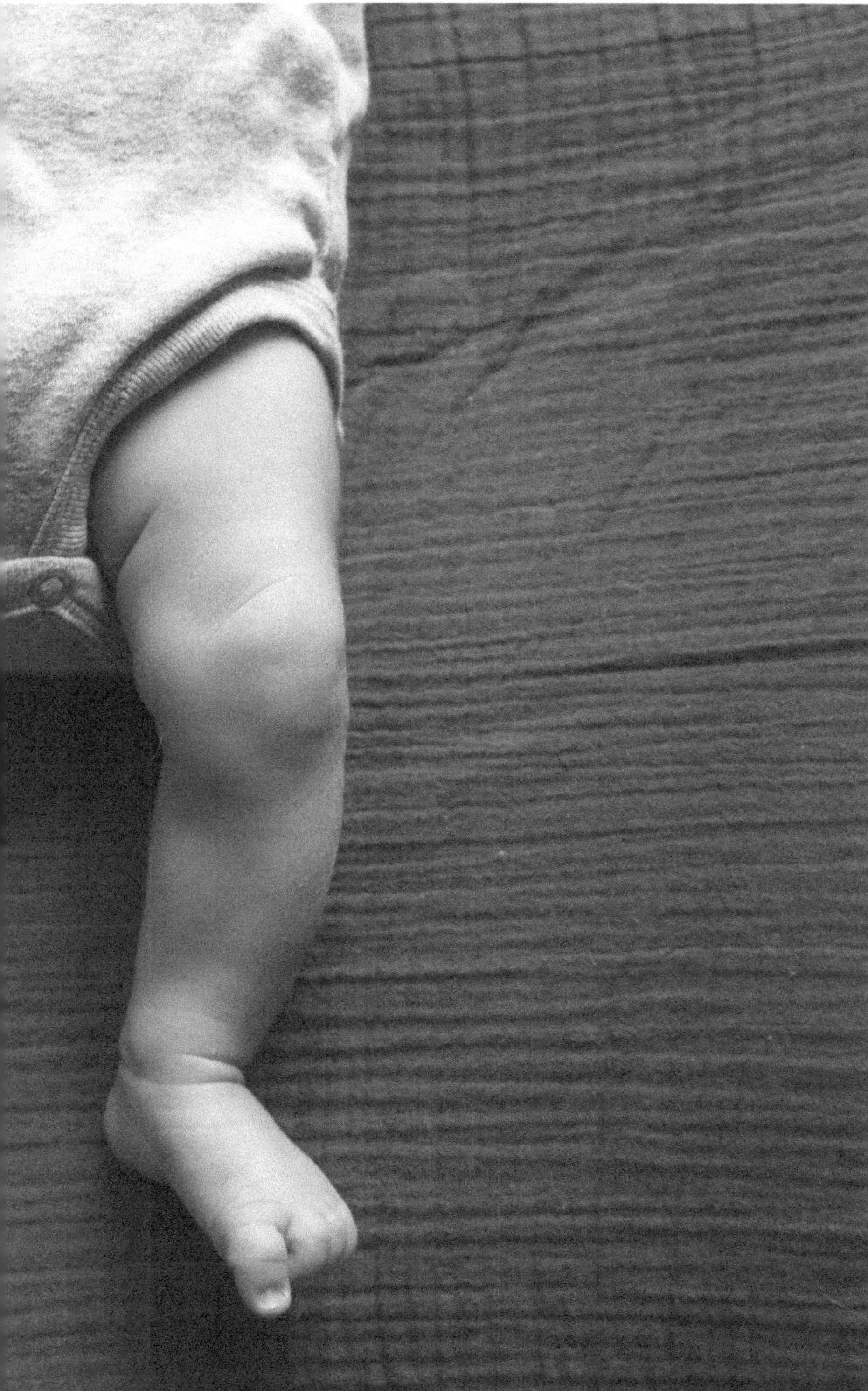

Für dich!

Wenn du hinfällst, bin ich da und helfe dir auf.
Wenn du weinst, nehme ich dich in den Arm und trockne deine Tränen.
Wenn du Angst hast, beschütze ich dich.
Wenn du wütend bist, gebe ich dir Halt.
Wenn du an dir zweifelst, mache ich dir Mut.
Wenn du mir etwas erzählst, höre ich dir aufmerksam zu.
Wenn du mir deine Gefühle zeigst, nehme ich dich ernst.
Wenn du lachst, tanzt mein Herz vor Freude.
Wenn du die Welt entdecken willst, lasse ich dich gehen und warte auf dich.

Ich bin das, was man eine sichere Bindung nennt.
Ich bin dein sicherer Hafen!

Käthe Bleicher

Vorwort

Liebe Eltern!

Schön, dass Sie zu diesem Buch gegriffen haben! Ich freue mich, dass ich Sie heute hier als Leserin und als Leser ansprechen kann und wir gemeinsam der Frage nachgehen werden, was Achtsamkeit und Feinfühligkeit im Umgang mit einem Baby bedeuten – und dass wir uns fragen, warum ein Baby dadurch glücklich und zufrieden sein kann.

Aber bevor wir uns zusammen auf die Reise begeben und uns dem Thema widmen, möchte ich Ihnen zunächst von ganzem Herzen zur Geburt Ihres Kindes gratulieren. Ich kann mich noch gut an den Moment erinnern, als ich meinen Sohn zum ersten Mal in den Händen hielt. Welch große Freude und pures Glück durch mich hindurchströmten! Und welche große Ehrfurcht und Verantwortung ich im selben Moment empfand!

So wie mir geht es sicher vielen neuen Eltern; sie fragen sich in einem solchen Moment: Werde ich diesem wundervollen Wesen gerecht werden können? Wie wird man eine gute Mutter oder ein liebevoller Vater? Wie kann ich zu meinem Kind eine sichere Bindung aufbauen, und was bedeutet es, feinfühlig zu sein?

Das Gefühl von Glück und unendlicher Liebe, die wir vom ersten Augenblick an unserem Kind gegenüber verspüren, kann genauso schnell von einem Gefühl der Hilflosigkeit und

Überforderung überrollt werden. Besonders in den ersten Wochen und Monaten, wenn alles noch neu ist, wir mit unserem Kind erst vertraut werden und unsere Rolle als Eltern noch finden müssen, ist ein Wechselbad der Gefühle keine Seltenheit.

Dennoch kann ich Sie an dieser Stelle beruhigen, denn Sie werden sehen, dass Sie mit der Zeit im Umgang mit Ihrem Baby immer sicherer werden und dass sich Ihre neue Rolle als Mutter oder Vater immer mehr festigen wird. Dieses Buch soll Sie in den ersten Wochen und Monaten Ihres Elternseins begleiten und unterstützen, damit Sie achtsam und feinfühlig den Alltag mit Ihrem Baby meistern können.

Ich versuche Sie, liebe Eltern, in diesem Buch möglichst neutral anzusprechen. Es gibt mittlerweile so viele unterschiedliche und interessante Familienmodelle, dass man das klassische Familienbild Vater, Mutter, Kind nicht mehr auf alle übertragen kann. Damit das Lesen aber nicht zu kompliziert wird, wähle ich für den nachfolgenden Text die Konstellation Eltern und Baby. Dennoch sollen sich in diesem Buch alle Menschen gleichwertig angesprochen fühlen, die eine Elternrolle für ein Baby übernehmen. Welches Geschlecht man nun hat, ob Sie die leiblichen Eltern sind oder vielleicht Pflege- oder Adoptiveltern oder auch alleinerziehend sind, das soll hier keine entscheidende Rolle spielen. Es geht vielmehr darum, Sie dabei zu unterstützen, einen aufmerksamen und liebevollen Umgang mit Ihrem Baby zu entwickeln und eine sichere und stabile Bindung zu ihm aufzubauen.

Herzlichst, Ihre Käthe Bleicher

Einleitung: Von der Kunst, die Seifenblase nicht zum Platzen zu bringen

Die ersten Monate als frischgebackene Eltern lebt man fast wie in einer Seifenblase. In einem kleinen Mikrokosmos, der aus Mutter, Vater und Baby besteht. Manchmal gibt es da natürlich auch noch Geschwister oder andere Personen, die mit einem unter einem Dach leben. Dennoch werde ich in diesem Buch explizit auf die Beziehung zwischen Eltern und Baby eingehen, da dies das zentrale Thema dieses Buches ist.

In diesem winzigen Mikrokosmos gestalten sich die ersten Wochen meist so: schlafen, essen, wickeln, spielen. Schlafen, essen, wickeln, spielen.

Eigentlich gar nicht so wild, oder? Eigentlich. Denn außerhalb dieser Seifenblase existiert auch noch das große Ganze. Und das bedeutet, dass es zwischen dem Schlafen, Essen, Wickeln und Spielen auch noch den Haushalt gibt, den Papierkram, die Arztbesuche, die Familie und die Freunde, den Partner, Spielgruppen, Rückbildungskurse und so weiter und so fort.

Und dieses große Ganze muss nun in die empfindliche und zerbrechliche Seifenblase hineingetragen werden, ohne sie zum Platzen zu bringen. Das ist die Kunst. Denn so richtig in Stress oder an die eigenen Grenzen kommen wir als neue Eltern meist erst dann, wenn wir den kleinen Mikrokosmos, in dem wir uns in einem intensiven Zwiegespräch mit unserem Baby befinden, verlassen und uns auf die Dinge außerhalb dieses Kosmos konzentrieren.

Wie also schafft man es nun, die Seifenblase, diesen kleinen Mikrokosmos, nicht zum Platzen zu bringen und doch das große Ganze nicht aus den Augen zu verlieren?

Es gibt nicht die eine richtige Lösung, aber es gibt fünf hilfreiche Wege, die uns eine gute Basis bieten. Sie erleichtern uns den Alltag mit unserem Neugeborenen und stärken unsere Beziehung zum Baby so, dass wir unseren Mikrokosmos mit dem großen Ganzen vereinen können, ohne dabei einen Knall zu erzeugen oder in großen Stress zu geraten.

Die fünf Wege zu einem achtsamen Alltag mit Ihrem Baby lauten:

1. Eine sichere Eltern-Kind-Bindung
2. Feinfühligkeit
3. Rhythmus
4. Babys Bedürfnisse erkennen und verstehen
5. Vertrauen in sich selbst und die eigene Intuition

Diese fünf Wege werden den Alltag mit Ihrem Baby um einiges leichter und entspannter machen und Ihnen eine Stütze bieten, mit der Sie eine gute Balance zwischen Ihren alltäglichen Pflichten und Ihrer neuen Rolle als Eltern finden können.

Damit Sie aber nicht nur erfahren, warum diese Wege für die Entwicklung Ihres Babys wichtig sind, um es glücklich und zufrieden zu machen, sondern auch sehen, wie Sie sie realisieren und in Ihren Alltag integrieren können, werde ich Ihnen zu den einzelnen Schritten immer praktische Tipps für eine leichte Umsetzung im Alltag zur Seite stellen. So haben Sie am Ende nicht nur das Wissen, sondern auch die Fähigkeit, mit Ihrem Baby achtsam und feinfühlig umzugehen.

Natürlich wird es trotz all der guten Tipps und Ratschläge und der großen Hingabe Ihrerseits immer wieder Momente im Alltag geben, in denen Sie als neue Eltern auch an Ihre Grenzen stoßen, erschöpft sind oder sich sogar überfordert fühlen werden. Da dieser Teil zum Elternsein ebenso dazugehört wie all die Liebe, die wir unseren Kindern geben, möchte ich im vorliegenden Buch dieser Thematik ein gesondertes Kapitel widmen. Unter der Überschrift «Auch feinfühlige Eltern brauchen Unterstützung» werde ich auf viele Elternthemen, beispielsweise den *Schlafmangel* oder ein *dünnes Nervenkostüm,* eingehen und Ihnen auch hier praktische Tipps als Hilfe mitgeben.

Fünf Wege zu einem achtsamen Alltag mit Ihrem Baby

1. Eine sichere Eltern-Kind-Bindung

«Und jedem Anfang wohnt ein Zauber inne,
Der uns beschützt und der uns hilft, zu leben.»[1]
Hermann Hesse

Der Zauber am Anfang einer Beziehung, die wir mit einem anderen Menschen eingehen, sei es nun das eigene Baby oder der Partner, hat oft etwas Magisches, nicht wirklich Greifbares; er ist mit einzelnen Worten nicht zu beschreiben. Denn es ist das Gefühl einer tiefen Liebe und Zuneigung, die wir vom ersten Augenblick an einem anderen Menschen gegenüber verspüren können. Dafür benötigen wir meist nur einen winzigen Augenblick, einen kurzen Moment, der bei uns das Gefühl einer unendlichen Verbundenheit erzeugt. Wie ein Zauber, der plötzlich existiert und uns dazu bringt, uns an einen anderen Menschen zu binden.

Unter einem bestimmten Gesichtspunkt kann man das auch als «klugen Schachzug der Natur» bezeichnen – denn ohne diesen Zauber, der mit einer tiefen Bindung einhergeht, könnte ein Baby nicht überleben. Vom ersten Augenblick an, in dem ein Kind das Licht der Welt erblickt, ist es darauf angewiesen, dass es einen Menschen vorfindet, der es liebt, beschützt und versorgt, einen Menschen, mit dem es in Beziehung treten kann.

Der Zauber, den wir bei der Geburt unseres Babys erleben und der bei uns Eltern das Gefühl von Liebe, Zuwendung und tiefer Verbundenheit erzeugt, sichert das Überleben des Babys, indem wir zu ihm eine Bindung aufbauen, uns um es kümmern und für all seine Bedürfnisse da sind.

Welche Rolle aber spielt die frühkindliche Bindungserfahrung eines Babys für sein späteres Leben und seine innere Zufriedenheit?

Bonding – ein Fundament fürs Leben

> «Die Entwicklung einer sicheren Bindung zwischen Eltern und Kind ist eine großartige Grundlage für eine gesunde körperliche, psychische und soziale Entwicklung eines Kindes.»[2]
> *Karl Heinz Brisch*

Die Bedeutung und die Wichtigkeit der frühkindlichen Bindungserfahrung für das spätere Leben eines Menschen im Hinblick darauf, wie er einmal mit der Welt und seinen Mitmenschen in Kontakt treten wird, ist dank der Bindungsforschung in den letzten Jahren zu einem wesentlichen Thema in der Erziehung unserer Kinder und zu einem zentralen Thema der Erziehungswissenschaft geworden. Bereits seit den 1960er-Jahren beschäftigt sich die Bindungsforschung intensiv mit der emotionalen Beziehung zwischen Kindern und ihren engsten Bezugspersonen.

So zeigte etwa bereits in dieser Zeit der amerikanische Verhaltensforscher Harry Harlow (1905–1981) in seinen Studien zur Mutter-Kind-Bindung mit Rhesusaffen, welch große Bedeutung die Bindung für die Entwicklung von Primaten hat.[3] Es ist ein Verdienst der Bindungsforschung, dass der Zusammenhang zwischen den frühkindlichen Erfahrungen von elterlicher Zuwendung und Feinfühligkeit und der daraus resultierenden späteren Zufriedenheit sowie dem empfundenen Lebensglück eines Menschen mittlerweile allseits bekannt ist.

Die ersten Bindungserfahrungen, die ein Baby in seinem Leben macht, hinterlassen entscheidende Spuren, die seine weitere Entwicklung nachhaltig beeinflussen werden und ihm wie eine Art emotionale Grammatik dienen, wenn es darum geht, im späteren Leben eine Beziehung zu anderen Menschen aufzubauen.[4] Es werden also bereits in der frühen Kindheit eines Menschen die Weichen für sein späteres Lebensglück, seine innere Zufriedenheit und Zuversicht nachhaltig gestellt; sie bilden ein entscheidendes Fundament für seine weiteren Bindungserfahrungen.

So hat die Natur den Säugling mit einer großen Offenheit gegenüber seiner Umgebung ausgestattet, die es ihm ermöglicht, sich praktisch an jede Person zu binden, die ihn beschützt und sein Überleben sichert. Dabei spielt es für ihn primär keine Rolle, ob es sich hierbei um seine leiblichen Eltern handelt oder nicht.

Erlebt ein Baby von Anfang an in der Beziehung zu seiner Bezugsperson Geborgenheit, Wärme, Feinfühligkeit, Verlässlichkeit und Sicherheit, so wird es mit der Zeit eine sichere und stabile Bindung zu ihr entwickeln. Dies gelingt ihm durch eine Vielzahl an Interaktionserfahrungen, in denen seine Bedürfnisse sensibel wahrgenommen und prompt gestillt werden. Kann ein Mensch auf ein sicheres Bindungsmuster in seiner frühen Kindheit zurückgreifen, werden für ihn im späteren Leben der Kontakt zu anderen Menschen und seine Fähigkeit, mit ihnen eine Beziehung einzugehen, um ein Vielfaches leichter sein als für einen Menschen, dem solch eine Erfahrung in seiner frühen Kindheit verwehrt blieb.

Die Art und Weise, wie mit einem Säugling umgegangen wird, und die Bindung, die ein Kind in den verschiedenen Entwicklungsperioden der ersten drei Jahre seines Lebens erfährt, haben einen großen Einfluss darauf, wie es sich auf andere Menschen einstellen kann, wie es ihnen begegnet und welche Erwartungen es hinsichtlich der Beziehung zu anderen Menschen entwickelt. Indem es eine sichere Bindung in der frühen Kindheit erlebt, entwickelt das Kind ein Urvertrauen in die Welt und zu sich selbst, es erfährt Anerkennung und Wohlbefinden. So kann es ein Sicherheits- und Geborgenheitsgefühl entwickeln. Diese seelischen Grundbedürfnisse ermöglichen es ihm, die Welt zu entdecken, mit unbekannten Situationen umzugehen und auch Krisen zu bewältigen. Aufgrund seiner frühkindlichen Erfahrung von elterlicher Feinfühligkeit und Zuwendung kann es später emotionale Zufriedenheit und Lebensglück verspüren – das ist ein wichtiger Grundstein für das weitere Leben und eine Ressource, die einen Menschen nachhaltig stärkt.

Wie eine sichere Eltern-Kind-Beziehung gelingt und warum sie so wichtig für Babys Entwicklung ist

Wenn wir uns vor Augen führen, wie wichtig die frühkindliche Bindungserfahrung für das spätere Leben ist und wie nachhaltig die erlebte Qualität ebenjener Beziehung die Zufriedenheit des Kindes prägt, stellt sich selbstverständlich die Frage: Wie gelingt es einem als Mutter oder als Vater, eine sichere Bindung zu dem eigenen Baby aufzubauen?

Wie bei allen Entwicklungsschritten, die ein kleines Kind in den ersten Wochen, Monaten und Jahren seines Lebens vollziehen wird, ist auch die Entwicklung seines Bindungssystems ein Prozess, der nicht von heute auf morgen gelingen kann. Vielmehr entsteht Bindung durch immer wiederkehrende Interaktionserfahrungen während des Alltags, die ein Säugling mit seinen Eltern erlebt. Wie gehen die Eltern mit dem Baby um? Werden seine Bedürfnisse wahrgenommen und von der Mutter, dem Vater einfühlsam beantwortet? Erfährt es eine liebevolle, verlässliche und geduldige Zuwendung der Eltern? Oder eher einen wenig feinfühligen Umgang, vielleicht sogar genervte oder gar desinteressierte Reaktionen auf seine Bedürfnisse?

Die Qualität, mit der wir auf die Signale eines Säuglings reagieren, ist entscheidend dafür, wie das Bindungsverhältnis später zwischen unserem Kind und uns sein wird und welche Erwartungen es entwickelt im Hinblick darauf, wie andere Menschen mit ihm umgehen.

Nehmen wir einmal als Beispiel die Situation des Wickelns im Alltag. Wir können als Eltern, wenn wir bemerken, dass unser Baby eine neue Windel benötigt, ganz unterschiedlich darauf reagieren.

Der kleine Ben liegt in seiner Wiege und beginnt vor sich hin zu quengeln. Seine Eltern sind gerade sehr beschäftigt, und es reagiert zunächst niemand auf sein Gequengel. Nun wird er etwas lauter und fängt zu weinen an. Nach einer Weile kommt seine Mutter an die Wiege. Sie hebt Ben heraus und bemerkt, dass seine Windel voll ist.

So oder so ähnlich gestalten sich die meisten Situationen im Alltag mit einem Säugling. Das Baby hat eine volle Windel oder es hat Hunger und macht sich durch Quengeln oder Weinen bemerkbar. Es signalisiert seinen Eltern, dass es ein Bedürfnis hat, das gestillt werden muss. Nun werden die Eltern ganz unterschiedlich auf solch eine Situation reagieren.

Es wird Eltern geben, die zum Beispiel so reagieren:

«Ich mache dir gleich eine frische Windel, aber ich muss erst noch meine E-Mail fertig schreiben.»

Aus der Sicht eines Erwachsenen mag dies zunächst nicht schlimm wirken, hat man doch auf das Weinen des Babys reagiert und ihm gesagt, sich gleich um es zu kümmern. Für das kleine Kind, das noch ganz im Hier und Jetzt lebt und noch nicht die Fähigkeit besitzt, lange zu warten, bis seine Bedürfnisse gestillt werden, oder zu verstehen, dass Mama oder Papa beispielsweise erst noch ihre Mails schreiben müssen, bevor sie es wickeln können, hat solch eine Situation eine viel elementarere Bedeutung, als uns oft bewusst ist. Ein Säugling ist darauf angewiesen, dass seine Bedürfnisse verlässlich und prompt gestillt werden. Dabei benötigt er unsere Hilfe und Unterstützung und ist auch der Art und Weise, wie wir auf seine Signale reagieren, zunächst hilflos ausgeliefert.

Genau in solchen für uns Erwachsene oft unbedeutsam erscheinenden Momenten des Alltags legen wir beim Baby mit unserer eigenen Fähigkeit, auf seine Bedürfnisse und Signale zu reagieren, die Grundlage dafür, ob wir zu ihm eine sichere Bindung aufbauen oder eben nicht. Erlebt das Kind von uns ein achtsames und sensibles Reagieren, indem wir unsere Arbeit, die Handlungen des Alltags kurz unterbrechen und uns seinem Bedürfnis mit unserer ganzen Aufmerksamkeit und Liebe zuwenden? Oder erlebt das Kind einen weniger feinfühligen, vielleicht sogar groben Umgang, indem wir genervt auf seine Bedürfnisse reagieren, unserer Arbeit weiter nachgehen und uns erst Zeit nehmen, wenn wir sie sowieso haben, aber nicht dann, wenn das Kind unsere Aufmerksamkeit und Hilfe einfordert?

Die immer wiederkehrenden Interaktionserfahrungen, die ein Baby im Alltag mit seinen Eltern erlebt, ob sie nun einfühlsam oder grob sind, werden mit der Zeit eine Spur bei ihm hinterlassen und es dahingehend prägen, wie sehr es ein Urvertrauen in sich und die Welt entwickelt.

Bindung und Beziehung entstehen im ganz alltäglichen Miteinander – in der Art und Weise, wie wir miteinander in Kontakt treten, uns gegenseitig wahrnehmen und uns einander zuwenden. Während wir Erwachsenen aber durch unsere eigenen Bindungserfahrungen in der frühen Kindheit schon eine feste Prägung in unseren Bindungsstrukturen besitzen, sind die Weichen bei einem Säugling noch nicht gestellt. Das Baby ist noch völlig offen gegenüber der Welt. Es ist in dieser Hinsicht wie ein unbeschriebenes Blatt, das erst durch die Erfahrungen, die es mit uns macht, seine eigene Bindungsstruktur entwickeln wird. Welche Qualität diese Erfahrungen haben werden, hängt von unseren eigenen Fähigkeiten ab, Bindung zu leben und zu gestalten.

Ich möchte an dieser Stelle betonen, dass eine möglicherweise negative Bindungserfahrung in der eigenen Kindheit nicht zwangsläufig dazu führt, dass man diese automatisch an sein Kind weitergeben wird. Auch wir Erwachsenen sind durchaus dazu in der Lage, unsere Muster und erlebten Bindungsstrukturen noch zu verändern und zu bearbeiten. Dies erfordert selbstverständlich zuweilen eine große Kraftanstrengung sowie die Auseinandersetzung mit sich selbst und den eigenen Strukturen. Häufig gelingt dies auch nur durch eine professionelle Unterstützung, aber die Änderung ist möglich. Unabhängig von dem eigenen Bindungsmuster besteht für Eltern also immer die Möglichkeit, eine sichere Bindung zu ihrem Kind zu entwickeln.

Wie dies gelingt und was Sie als Eltern im Umgang mit Ihrem Baby aktiv dazu beitragen können, möchte ich Ihnen im nachfolgenden Abschnitt erläutern.

Der Bindungsaufbau im Alltag – ein lebendiger Prozess

Für die meisten von uns ist vermutlich relativ klar, wie eine sichere Bindung entsteht. Im Grunde genommen geht es im Kern darum: Ich stehe meinem Kind als primäre Bezugsperson zur Verfügung, nehme seine Bedürfnisse einfühlsam wahr, kann diese richtig deuten und reagiere prompt und angemessen darauf. Diese Erfahrung vermittelt ihm ein Gefühl von Sicherheit und Wohlbefinden. Sie entsteht durch vorhersagbare und sich stets wiederholende Interaktionserfahrungen, die das Baby mit mir im Alltag erlebt.

Durch dieses Erlebnis entwickelt das Kind das, was der Pionier der Bindungsforschung, der britische Kinderarzt und Kinderpsychiater John Bowlby (1907 – 1990), eine sichere Basis nennt.

All das klingt, wenn man es liest und hört, zunächst sehr einfach. Aber es ist tatsächlich eine große und herausfordernde Aufgabe an uns Eltern. So gut, hilfreich und klar eine Theorie und eine Erkenntnis aus der Forschung oder aus der Philosophie für die Erziehung eines Kindes auch sein mögen, sie im Alltag mit einem Baby umsetzen zu können ist etwas ganz anderes. Darum möchte ich Sie an dieser Stelle ganz herzlich dazu ermuntern, sich nicht von Anfang an unter Druck zu setzen und alles perfekt machen zu wollen. Sie sollten an sich selbst nicht die Erwartung haben, vom ersten Augenblick an eine perfekte, sichere Bindung zu Ihrem Baby aufbauen zu können. In meinen Augen ist dies ein Akt der Unmöglichkeit, der nur zu großem Frust und Stress führen wird.

Die meisten von uns werden in ihrem Leben vor der Geburt ihres ersten Kindes vermutlich noch nie die Erfahrung gemacht haben, solch eine Aufgabe leisten zu müssen. Wie können Sie also etwas von sich erwarten, was Sie zuvor noch nie geübt haben?

Eine sichere Bindung zu einem Baby aufbauen zu können ist nichts, was Sie vorher schon mal trainieren können. Sie können sich zwar darauf vorbereiten, indem Sie vielleicht Ratgeber lesen, sich mit dem Thema beschäftigen und das Kernelement der Bindungstheorie verstehen. Aber Sie werden auch die praktische Erfahrung benötigen, damit Sie das zuvor erlernte Wissen in Ihre Handlungen einfließen lassen können. Und dies gelingt nur in der gemeinsamen Erfahrung mit Ihrem Kind.

Hier habe ich für mich zwei wichtige Säulen erarbeitet, die sich aus zwei Fragen zur Bindung ergeben. Die erste Säule: *Wie entsteht eine sichere Bindung?* Die zweite Säule: *Wodurch wird eine sichere Bindung geprägt?*

Säule I: Wie entsteht eine sichere Bindung?

- durch einen achtsamen Umgang und eine einfühlsame Interaktion mit dem Baby im Alltag
- durch eine feinfühlige Wahrnehmung seiner Signale und eine prompte, angemessene und richtige Reaktion auf diese Signale
- Sie entsteht, wenn es der Bindungsperson gelingt, eine gesunde Balance zwischen dem Bindungs- und dem Explorationsbedürfnis des Kindes herzustellen und entsprechend feinfühlig darauf zu reagieren.

- Sie entsteht, wenn es der Bindungsperson gelingt, das Kind in Angst- oder Stresssituationen zu beruhigen und ihm das Gefühl von Sicherheit zu vermitteln.[5]
- Eine sichere Bindung erfordert, dass die physiologischen Grundbedürfnisse des Kindes – Nahrung, Schlaf, Schutz vor Hitze und Kälte und körperliche Unversehrtheit – sowie seine emotionalen Grundbedürfnisse – Bindung, Sicherheit, Geborgenheit und eine gesunde Entwicklung der eigenen Kompetenzen und der Explorationsfähigkeit – verlässlich und liebevoll gestillt werden.[6]

Säule II: Wodurch wird eine sichere Bindung geprägt?

- durch Verlässlichkeit, Sicherheit, Geborgenheit, Feinfühligkeit, Vertrauen und Empathie
- durch einen strukturierten Tagesablauf, der von einem festen und verlässlichen Rhythmus getragen wird
- durch meine eigene Fähigkeit, Bindung zu leben und zu gestalten
- durch meine Fähigkeit zur Selbstreflexion und meine Lernbereitschaft
- durch meine Fähigkeit, die Bedürfnisse meines Babys zu sehen und zu erkennen
- durch meine Fähigkeit, meinem Baby Raum und Zeit für seine Entwicklung zu geben und es dabei bestmöglich zu unterstützen und zu begleiten
- durch Respekt und Wertschätzung während der Pflege und ein feinfühliges Miteinbeziehen des Babys in meine Handlungen. Hier spielen der Blickkontakt, das Benennen meiner Handlungen, abwechselndes Sprechen und

Handeln, die achtsame Berührung und der Körperkontakt eine wichtige Rolle.
- Indem ich die Handlungen und die innere Gefühlswelt des Babys ausspreche und ins Wort bringe, stelle ich einen Zusammenhang zwischen diesen Ebenen her, der den Aufbau der Bindung fördert.
- Eine sichere Bindung wird durch eine «achtsame *Wir-Zeit*» (siehe S. 38 ff.) im Alltag mit meinem Baby geprägt.

Diese zwei Säulen bedingen sich gegenseitig und stehen in einer ausgewogenen Balance zueinander. Die eine bildet sozusagen die Theorie, das Kernelement – das, was uns die Bindungsforschung darüber lehrt, wie eine sichere Bindung entsteht bzw. was diese ausmacht. Die zweite Säule bezieht sich auf meine individuellen Fähigkeiten. Hier liegt meine eigene Möglichkeit, die Theorie in der Praxis anzuwenden und die Voraussetzungen im Alltag zu schaffen, dass mein Baby sich sicher an mich zu binden vermag.

Auf die *Säule I* können Sie sich wunderbar vorbereiten, hier spielen vor allem das Sammeln von Wissen und das Verständnis der Bindungstheorie eine zentrale Rolle. Diese Säule ist etwas, womit Sie sich schon vor der Geburt Ihres Kindes beschäftigen können und was Sie schnell begreifen werden.

Die *Säule II* beruht hingegen auf Aspekten, die Sie vermutlich erst dann, wenn Ihr Kind bereits auf der Welt ist, wirklich verinnerlichen können und die Sie auch üben müssen.

An dieser Stelle kann ich aus meinen eigenen Beobachtungen, Erfahrungen und auch aus meinen Erlebnissen – sowohl als Mutter wie auch als Pädagogin – sagen, dass es nicht reicht, einer bloßen Theorie zu folgen. Selbst wenn man vielleicht durch die Erfahrungen der eigenen Kindheit auf ein sicheres Bindungsmuster zurückgreifen kann und ein sehr feinfühliger Mensch ist, wird es Momente im Alltag mit einem Baby geben, die einen an den Rand der eigenen Kräfte treiben und das eigene Nervenkostüm extrem strapazieren. Das ist eine ganz natürliche Sache.

Ein Beispiel: Nehmen wir einmal an, Sie haben ein Baby, das sehr schlecht schläft. Dadurch leiden Sie über Wochen an extremem Schlafmangel.

In dieser Situation, vor diesem Hintergrund wird es Ihnen vermutlich nicht immer gelingen, angemessen und feinfühlig auf die Bedürfnisse Ihres Kindes zu reagieren. Ganz einfach, weil Sie rein körperlich und mental durch den lang anhaltenden Schlafentzug erschöpft sind, nicht aber, weil Sie allgemein nicht dazu in der Lage wären, mit Ihrem Baby einfühlsam umzugehen. Hier ist es also wichtig, sich selbst reflektieren zu können und die eigenen Fähigkeiten und existierenden Kraftreserven wahrzunehmen.

An dieser Stelle kann es sehr hilfreich sein, sich die *Säule II* vor Ihrem inneren Auge zu visualisieren. Gehen Sie die Punkte durch und stellen Sie sich vielleicht auch selbst folgende Fragen:

- *Bin ich gerade dazu in der Lage, mit meinem Baby achtsam und einfühlsam umzugehen?*
- *Kann ich seine Bedürfnisse im Moment angemessen und prompt stillen?*
- *Oder merke ich, dass ich gerade eine innere Grenze erreicht habe?*

Hier ist zunächst nicht entscheidend, warum Sie an eine persönliche innere Grenze stoßen, sondern dass Sie sie wahrnehmen und darauf reagieren.

Was würde Ihnen gerade guttun?

Können Sie vielleicht Ihren Partner, nahestehende Freunde oder auch die eigenen Eltern um Hilfe bitte?

Den Alltag mit einem Baby feinfühlig und achtsam zu gestalten bedeutet auch, mit sich selbst einfühlsam umzugehen; dazu gehört, auch seine eigenen Grenzen zu spüren und zu akzeptieren und sich Hilfe von außen zu suchen, wenn es nötig ist. Es ist keine Schwäche, sondern eine große Stärke, wenn Sie in der Lage sind, Ihre eigenen Grenzen zu spüren und zu erkennen.

Sie sollten ein Gespür dafür ausbilden, wie sich die Bedürfnisse Ihres Kindes entwickeln, und ihm dabei ein Gefühl von Geborgenheit und feinfühliger Präsenz vermitteln. Im Grunde besteht Ihre Aufgabe als Eltern darin, für Ihr Kind da zu sein, ihm eine sichere und verlässliche Umgebung zu bieten und durch die täglich gelebte Beziehung zu ihm, durch die Reflexion Ihrer eigenen Fähigkeiten und Grenzen eine sichere Bindung entstehen zu lassen.

Missverständlich daran ist, dass dies so einfach klingt. Ein Teil unserer Gesellschaft vermittelt den werdenden Eltern eine illusorische Perfektion darin, wie sie von Anfang an mit ihrem Baby umgehen sollen. Den Alltag mit einem Baby achtsam, bindungs- und bedürfnisorientiert zu gestalten ist aber eine große Aufgabe; das bedarf harter Arbeit. Es ist ein Prozess, der nicht über Nacht entstehen kann und der einem auch nicht an jedem Tag gleich gut gelingen mag. Deshalb ist es so wichtig, auch gegenüber dem eigenen Handeln und den eigenen Fähigkeiten feinfühlig und geduldig zu sein. Es ist doch normal und menschlich, auch mal Fehler zu machen. Aber man kann aus ihnen lernen und sich stetig verbessern.

An dieser Stelle ist es gewiss hilfreich, sich etwas genauer damit zu beschäftigen, was Feinfühligkeit eigentlich bedeutet und warum sie so wichtig für eine gelungene und sichere Bindung zu Ihrem Baby ist.

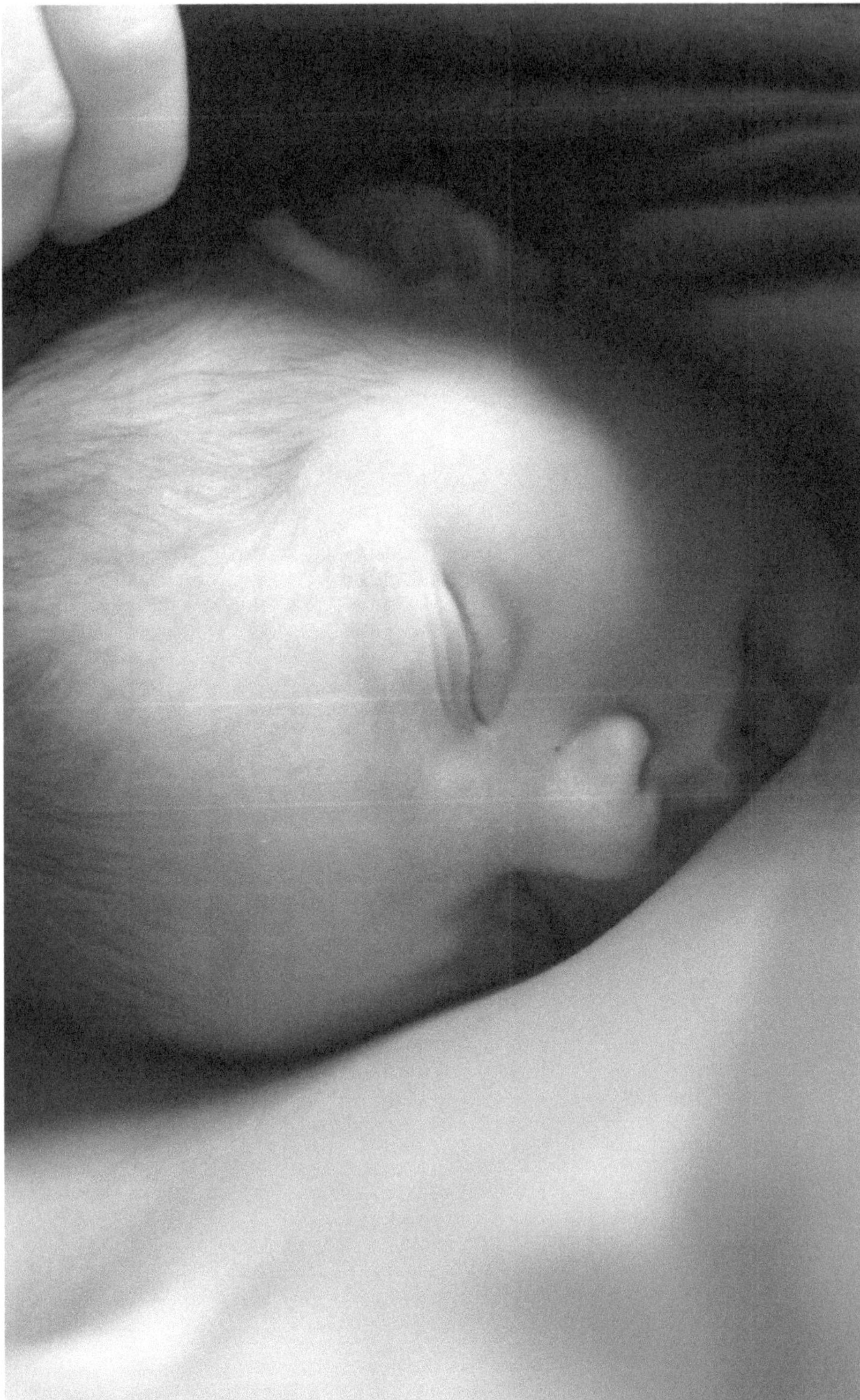

2. Feinfühligkeit

Wie entsteht Feinfühligkeit und warum ist sie so wichtig für die Kommunikation mit einem Baby?

Wenn wir uns einem Baby im Alltag zuwenden, mit ihm in Kontakt treten und eine Kommunikation mit ihm beginnen, sollten wir bereit dazu sein, diesem kleinen und wundervollen Wesen mit unserer ungeteilten Aufmerksamkeit und unserer ganzen Wertschätzung zu begegnen.

Die ungeteilte und volle Aufmerksamkeit bedeutet:

... dass wir zum Beispiel beim Stillen eines Babys nicht hinter dem Bildschirm unseres Handys verschwinden, sondern ganz bei der Sache sind. Wir lassen uns auf die Situation ein, indem wir das Kind einfach beobachten, wie es trinkt, liebevoll sein Händchen streicheln oder es anlächeln und uns mit ihm gemeinsam an dem erlebten Moment freuen, an der Zeit, die wir gerade gemeinsam miteinander haben.

Unsere Wertschätzung bedeutet:

... dass wir einem Baby sagen, was wir tun. «Ich hebe dich jetzt aus deinem Bettchen heraus, damit ich dich anziehen kann.» Wir bereiten das Baby auf unsere Handlungen vor und beziehen es in das Geschehen mit ein, indem wir auf seine Reaktion wiederum reagieren und ihm die Möglichkeit geben, uns zu antworten.

Beiden Grundeinstellungen, die wir einem Säugling entgegenbringen sollten – *unsere volle Aufmerksamkeit* und *unsere ganze Wertschätzung* –, liegt immer die individuelle Fähigkeit zugrunde, feinfühlig zu handeln.

Auch hierzu habe ich wieder *drei Säulen* herausgearbeitet, die Ihnen einen guten und kurzen Überblick verschaffen sollen.

1. Feinfühligkeit im Alltag mit einem Säugling bedeutet:
- durch Beobachtung wahrnehmen
- das Wahrgenommene und Beobachtete richtig interpretieren
- darauf angemessen reagieren
- prompt reagieren.

2. Die Feinfühligkeit spiegelt sich für das Baby aktiv wahrnehmbar wider:
- in meiner Reaktion
- in meiner Handlung
- in meiner Berührung
- in meinen Gedanken
- in meinen Gefühlen
- in meiner Mimik und Gestik
- in meiner Stimme und Sprache.

3. Durch meine Fähigkeit, feinfühlig wahrzunehmen und zu handeln, erlebt das Baby:
- Ich werde gesehen und wahrgenommen.
- Ich werde beschützt und umsorgt.
- Meine Bedürfnisse werden erkannt und erfüllt.

- Ich erlebe Zuwendung und Liebe.
- Es ist jemand da, der meine Gefühle erkennt, sie wahrnimmt und mich dabei begleitet (bei Angst, Schmerz, Trauer, Wut).
- Ich erlebe Verlässlichkeit und Vorhersehbares.

Nun liegt es selbstverständlich auf der Hand, dass es im Alltag nicht immer möglich ist, seinem Kind permanent die ungeteilte Aufmerksamkeit zu schenken. Im Grunde besteht dann die Kunst darin, die Situationen im Alltag zu erkennen, in denen sich eine natürliche Gelegenheit bietet, mit unserer vollen Aufmerksamkeit, mit viel Ruhe und Zeit uns voll und ganz unserem Kind zu widmen. Das sind Situationen, in denen wir beide auftanken und uns ohne äußere Ablenkung aneinander freuen können – Situationen der *«achtsamen Wir-Zeit»,* wie ich sie nenne.

Anders ist es in den Phasen des Alltags, die einen besonders herausfordern, in denen man vielleicht Stress und Zeitdruck empfindet und so nicht immer die Möglichkeit hat, seinem Baby die volle Aufmerksamkeit zu schenken. Beide Momente gehören jedoch auf natürliche Weise zum Alltag eines Säuglings dazu. Aber, und das ist mir an dieser Stelle wichtig zu betonen, jede Situation im Alltag mit einem Baby kann feinfühlig und wertschätzend gestaltet werden.

Widmen wir uns zunächst einmal der Situation im Alltag, in der wir die Gelegenheit haben, mit unserem Kind eine «achtsame Wir-Zeit» zu schaffen. Wie gestaltet sich eine solche Zeit? Und wie können Sie diese Momente ganz praktisch in Ihren Alltag integrieren?

Die «achtsame Wir-Zeit». Kleine Glücksmomente im stressigen Babyalltag

Der Alltag mit einem Baby oder einem kleinen Kind ist nicht immer leicht. Oft ist er hektisch, ja sogar stressig. So lässt es sich nicht immer vermeiden, dass auch das Baby diesem Stress ausgesetzt wird. Umso wichtiger ist es, sich bewusste «Wir-Zeiten» im Alltag zu schaffen, in denen man sich ohne äußere Ablenkung voll und ganz auf das Kind und seine Bedürfnisse einlässt. Dafür bieten sich die unterschiedlichsten Situationen im Alltag an. Besonders schön lassen sich solche «achtsamen Wir-Zeiten» bei der Pflege wie etwa dem Füttern oder dem Anziehen integrieren.

Ein praktisches Beispiel

Nehmen wir einmal das Wickeln. Die Mutter bemerkt, dass die Windel ihres Babys voll ist. Anstatt diese nun in Eile zwischen dem Wäsche-Aufhängen und dem Kochen des Mittagessens zu wechseln, könnte sie hier nun bewusst in ihrem alltäglichen Tun innehalten und einen Raum für eine «achtsame Wir-Zeit» schaffen.

Dabei nimmt sie das Kind liebevoll auf den Arm, blickt es an und sagt ihm: *«Ich glaube deine Windel ist voll. Komm, wir machen dir eine frische Windel.»*

Sie legt das Baby behutsam auf die Wickelunterlage. Anstatt gleich mit dem Wickeln zu beginnen, könnte sie sich jetzt Zeit nehmen und mit dem Baby eine feinfühlige Kommunikation beginnen. Sie könnte ihm vielleicht ein kleines Fingerspiel zeigen oder ein Lied vorsingen. Mit ihm ein bisschen plaudern, sodass es ihr antworten kann. Dem Baby wird das gut gefallen, es erlebt die Zuwendung und die Aufmerksamkeit der Mutter. Dabei entsteht ein wohliges Gefühl.

Nun kann sich die Mutter dem Wickeln widmen. Dabei kann sie zu dem Baby sagen: *«Was meinst du, sollen wir jetzt mal deine Hose ausziehen und dir eine frische Windel machen?»*

Vielleicht wird ihr das Baby gurrend antworten.

«Ja, bist du einverstanden damit?» Die Mutter ist ganz bei der Sache, und sie gibt ihrem Kind Zeit und Raum, um ihr zu antworten und auf die Interaktion zu reagieren.

Die Mutter beginnt mit dem Wickeln. *«Schau, nun nehme ich den Waschlappen, jetzt wird es ein bisschen nass am Popo.»* Sie sagt dem Baby, was sie macht, und bereitet es auf das vor, was passiert. Was es auf der Haut fühlt. Sie lässt sich Zeit. Vielleicht darf das Baby noch ein bisschen mit seinen nackten Beinchen strampeln. Dabei könnte die Mutter auch seine Füßchen massieren und ihm etwas erzählen: *«Schau, was du schon für große Füße hast. Und wie toll du schon strampeln kannst!»*

Auch hier wird das Baby mit Freude die feinfühlige Kommunikation der Mutter aufgreifen und vielleicht fröhlich quietschen. Die Mutter wartet, bis sie spürt, dass ihr Kind bereit ist, wieder angezogen zu werden.

«Jetzt ziehen wir dir wieder die Strumpfhose an, damit deine Füßchen nicht kalt werden.» Sie begleitet das Anziehen mit einer feinen Kommunikation und ist achtsam bei den Signalen, die sie von ihrem Baby bekommt. Wenn es zum

Beispiel sein Füßchen immer und immer wieder wegzieht, wird sie die Füße nicht einfach packen, sondern mit einer sanften, liebevollen Bewegung vorsichtig «einfangen».

Nun hat das Baby wieder eine frische Windel. Die Mutter wird es behutsam auf den Arm nehmen und es wieder zurück auf sein Lammfell legen. Sie sagt ihm: *«Jetzt hast du wieder eine frische Windel. Ich hänge nun die Wäsche weiter auf.»* Sie kann sich wieder ihrem alltäglichen Tun widmen.

Diese «achtsame Wir-Zeit» hat vielleicht fünfzehn Minuten gedauert. Das Baby wird nun zufrieden auf seinem Lammfell liegen und seiner Mutter dabei zusehen, wie sie die Wäsche aufhängt.

Es hat in dieser «achtsamen Wir-Zeit» nicht nur erlebt, dass seine Bedürfnisse gestillt wurden, sondern auch die volle Zuwendung und Aufmerksamkeit seiner Mama erhalten. Es hat einen feinfühligen Umgang erlebt. Diese Erfahrung schafft Vertrauen und fördert die Entwicklung einer sicheren und stabilen Bindung zwischen Mutter und Kind. Selbstverständlich könnte und sollte exakt die gleiche «achtsame Wir-Zeit» auch zwischen Papa und dem Baby oder zwischen einer anderen Bezugsperson und dem Baby stattfinden.

Das Kind erlebt einen einfühlsamen und respektvollen Umgang, bei dem auf seine Bedürfnisse zuverlässig eingegangen wird.

Auch für die Mutter oder den Vater wird diese «achtsame Wir-Zeit» zu einem echten Gewinn. Sie schafft nicht nur Beziehung, sondern auch Zufriedenheit, sowohl bei den Eltern als auch beim Kind.

Und ein zufriedenes, glückliches Baby, das Beziehung

und Achtsamkeit erfährt, wird auch den stressigen Phasen des Alltags besser standhalten können, als wenn es diese Erfahrungen nicht macht.

Solche «achtsamen Wir-Zeiten» sollten sich immer wieder im Alltag des Babys, aber natürlich auch der älteren Kinder wiederfinden. Besonders gut lässt sich die «achtsame Wir-Zeit» in das Stillen der physiologischen Grundbedürfnisse und ins Spiel integrieren. Über einen längeren Zeitraum hinweg wird man eine stetig wachsende, sichere und stabile Bindung zwischen sich und seinem Kind beobachten können, die von Vertrauen, Verlässlichkeit, Zuneigung und Achtsamkeit erfüllt ist. So wird die Eltern-Kind-Beziehung vertieft, und die eigene Achtsamkeit wird geschult. Gleichzeitig wird das Kind in seiner Selbstwahrnehmung und der eigenen Empathiefähigkeit gestärkt.

Immer wieder berichten mir Eltern auch, dass die Umsetzung solcher «achtsamen Wir-Zeiten» ihren Familienalltag allgemein harmonischer macht. Die Kinder sind ausgeglichener und zufriedener. Stressige Situationen führen nicht mehr so oft zu Streit und Unmut, und sie haben das Gefühl, ihr Kind im Alltag mehr wahrzunehmen.

Die «achtsame Wir-Zeit». Der kurze Überblick

So gelingt die «achtsame Wir-Zeit»:

Nehmen Sie sich bewusst ca. fünfzehn bis zwanzig Minuten Zeit für eine «achtsame Wir-Zeit». Lassen Sie sich mit Ihrer Aufmerksamkeit voll und ganz auf Ihr Kind und seine Bedürfnisse ein. Sie sind Ihrem Baby ganz zugewandt, sowohl mental als auch physisch. Kommen Sie innerlich wie äußerlich zur

Ruhe. Versuchen Sie, sich wirklich auf die Situation einzulassen und mit Ihrem Interesse wahrhaftig bei Ihrem Kind zu sein. Richten Sie Ihren Blick auf Ihr Baby und reden Sie in einem liebevollen und ruhigen Ton. Wählen Sie dabei Ihr Tun mit Achtsamkeit und Feinfühligkeit und versuchen Sie, immer die Bedürfnisse und Reaktionen des Kindes im Blick zu haben und diese liebevoll zu beantworten.

Dabei können folgende Fragen hilfreich sein:

- Was braucht mein Baby?
- Wie fühlt es sich?
- Was könnte ihm guttun? Wie kann ich ihm helfen?
- Was gefällt meinem Baby, macht ihm Freude?
- Wie würde ich mich fühlen? Was würde ich machen, wenn ich an seiner Stelle wäre?

Diese Fragen unterstützen Sie dabei, emphatisch und angemessen auf die momentanen Bedürfnisse Ihres Kindes zu reagieren und Ihr Handeln achtsam zu begleiten.

Eine regelmäßige «achtsame Wir-Zeit» ...
- stärkt die Eltern-Kind-Bindung
- schafft Vertrauen und Verlässlichkeit
- stärkt die Selbstwahrnehmung Ihres Kindes
- hilft, die eigene Feinfühligkeit zu schulen
- schult beim Kind die Fähigkeit der eigenen Empathie
- hilft dem Kind durch das Erleben einer emotionalen Zuwendung, stressigen Situationen im Alltag besser standhalten zu können.

Diese «achtsamen Wir-Zeiten» lassen sich wunderbar in die verschiedensten Situationen des Alltags integrieren, sei es nun das Füttern, das Baden oder etwa das gemeinsame Spiel. Wenn Sie sich wirklich darauf einlassen und diese Momente genießen können, wird auch Ihr Kind diese Momente als etwas sehr Wertvolles und Schönes erleben. So entsteht ein intensiver Beziehungsmoment zwischen Ihnen und Ihrem Baby, der sowohl Sie wie auch Ihr Kind nachhaltig emotional stärken und sättigen wird. Aus diesen Momenten heraus, in denen sich Ihr Baby so richtig volltanken konnte mit Liebe, Zuwendung und Geborgenheit, wird es die nötige Kraft, den Impuls und die Lust entwickeln, im Anschluss seine Umgebung zu erforschen und zu erkunden.

Feinfühlig bleiben, auch wenn es stressig wird

Nun wissen wir aber alle, dass der Alltag mit einem Baby auch Momente mit sich bringt, in denen wir Eltern nicht immer die Zeit und auch die Möglichkeit haben, unsere ganze Aufmerksamkeit auf unser Kind zu richten.

Nehmen wir einmal folgendes Beispiel: Sie haben einen sehr wichtigen Termin und wollen gerade das Haus verlassen, als Sie plötzlich bemerken, dass Ihr Baby seine Windel voll hat. Diese Situation bringt Sie innerhalb kürzester Zeit in großen Stress, da Sie wissen, dass Sie vermutlich zu Ihrem Termin zu spät kommen werden.

Nun können Sie während des Wickelns ganz unterschiedliche Botschaften an Ihr Kind senden.

Botschaft 1: «Es tut mir leid, dass ich dich jetzt so schnell wickeln muss, aber wir müssen dringend aus dem Haus. Nächstes Mal nehme ich mir wieder ganz viel Zeit für dich. Ich freue mich, dass du mir gerade so gut hilfst, damit wir schnell aus dem Haus kommen.»

Ihr Baby wird in solch einem Moment die Wickelsituation, auch wenn sie vielleicht etwas holprig und im Stress verläuft, nicht als unangenehm empfinden. Es erfährt im Gegenteil, dass Sie trotz Stress und Eile mit ihm im Kontakt sind, Ihr Handeln reflektieren und es mit einbeziehen.

Die Botschaft lautet hier: *Ich sehe dich, ich nehme dein Bedürfnis wahr und reagiere angemessen darauf, unserer momentanen Situation im Alltag entsprechend.*

Oder aber Sie reagieren wie folgt:

Botschaft 2: «Na toll, jetzt hast du auch noch eine volle Windel! Deinetwegen komme ich jetzt zu spät zu meinem Termin.»

Die Botschaft hier lautet in etwa: *Ich sehe dich, aber dein Bedürfnis passt mir gerade überhaupt nicht. Ich bin genervt, dass du ausgerechnet jetzt die Windel voll hast.*

Erkennen Sie den Unterschied? In beiden Beispielen fällt der Windelwechsel in eine Alltagssituation, in der Sie eigentlich ziemlich unter Druck stehen und vielleicht auch Stress empfinden. Da Sie zu Ihrem Termin nicht zu spät kommen dürfen, kommt diese Situation für Sie gerade sehr ungelegen. Natürlich ist Ihnen bewusst, dass Sie auf das Bedürfnis Ihres Kindes reagieren sollen, was Sie auch tun. An dieser Stelle ist dann Ihre eigene Fähigkeit gefragt, auch in einer stressigen Situation feinfühlig und angemessen zu reagieren.

In beiden Beispielen muss das Baby ziemlich schnell und in Eile gewickelt werden. Aber die Botschaft, die Sie in solch einem Moment dem Kind vermitteln, kann ganz unterschiedlich sein. Ob Sie nun «Botschaft 1» oder «Botschaft 2» an Ihr Kind senden, wird die Dauer des Windelwechsels kaum beeinflussen. Aber sie hat einen großen Einfluss darauf, wie sich Ihr Kind in dieser Situation fühlen wird und wie es Sie in diesem Moment erlebt und wahrnimmt. Ihre eigene Fähigkeit, in solch einer Situation angemessen reagieren zu können, ist letztendlich auch das, was die Qualität der Beziehung zwischen Ihnen und Ihrem Kind prägen wird.

Wenn Sie also einen wichtigen Termin haben und Ihr Baby, kurz bevor Sie das Haus verlassen wollen, plötzlich eine frische Windel benötigt, werden Sie vermutlich nicht die Zeit und die Ruhe haben, eine sehr zugewandte und ruhige Wickelsituation zu gestalten. Dennoch müssen Sie Ihr Kind nicht genervt oder gar grob wickeln. Auch in einem schnellen, vielleicht hektischen Alltagsmoment können Sie achtsam bleiben. Wenn es Ihnen nun doch einmal passieren sollte, dass Sie in solch einer Situation die «Botschaft 2» aussenden, können Sie Ihr Handeln reflektieren, sich verbessern und beim nächsten Mal Ihrem Kind die «Botschaft 1» vermitteln.

Worauf ich an dieser Stelle hinauswill, das ist, Ihnen bewusst zu machen, dass die eigene Feinfühligkeit, die Ihr Handeln und Reagieren prägt, eine ganz wichtige, zentrale Rolle dabei spielt, wenn Sie zu Ihrem Baby eine sichere und geborgene Beziehung aufbauen wollen. Und diese Feinfühligkeit gilt es im Alltag stets zu reflektieren und zu schulen.

Worauf können und sollten Sie auch in einem stressigen Moment achten?

- auf eine freundliche und ruhige Stimme
- auf eine respektvolle und achtsame Kommunikation, eine entsprechende Mimik und Gestik
- auf einen feinfühligen und wertschätzenden Umgang
- auf einen liebevollen Blickkontakt.

Die eigene Feinfühligkeit schulen und wahrnehmen – wie geht das?

Ob man sich im Alltag einer anderen Person gegenüber feinfühlig und emphatisch verhält, bekommen wir Erwachsenen von unserem Gegenüber meist recht gut gespiegelt. Reagiert man seinem Partner gegenüber etwa unfreundlich, verständnislos oder gar empathielos, so wird er uns das schnell spüren lassen. Im Idealfall korrigiert der Partner das Verhalten des anderen, indem er es anspricht und thematisiert. Manchmal geschieht dies aber gar nicht, sondern der andere zieht sich verletzt oder enttäuscht zurück. Wie auch immer unsere Reaktion ist, wenn wir uns nicht angemessen behandelt fühlen, so haben wir Erwachsenen - im Gegensatz zu einem Baby - doch immer die Möglichkeit, unseren Unmut zu äußern und darüber zu kommunizieren.

Bei einem Baby ist die Sache ganz anders. Es kann uns freilich nicht sagen, dass es unser Verhalten gerade blöd fand, es sich vielleicht erschrocken hat, weil wir ihm ohne Ankündigung mit einem kalten Lappen den Mund abgewischt haben, es Angst hatte, da wir nicht da waren, als es aufgewacht ist und nach uns geweint hat. Es kann auch nicht den Raum verlassen und uns sagen: «Ich werde erst wieder mit dir am Tisch sitzen, wenn du mir deine Aufmerksamkeit schenkst und mit mir wirklich liebevoll in Kontakt bist, anstatt deine E-Mails zu lesen, während du mich mit dem Brei fütterst.»

Ein Baby ist elementar darauf angewiesen, dass es von uns angemessen, respektvoll und feinfühlig behandelt wird. Es muss sich sicher sein können, dass wir unser Handeln reflektieren können und verstehen, was es heißt, sich achtsam zu verhalten. Dass wir in der Lage sind, uns in seine momentane Situation hineinzuversetzen, und verstehen, was es gerade braucht und wie es sich vielleicht fühlt, sind hierbei natürliche Voraussetzungen. Ein wichtiges Zauberwort lautet in diesem Zusammenhang: *Empathiefähigkeit.*

Natürlich ist sie nicht bei jedem Menschen gleich ausgebildet. Wir haben aufgrund unserer eigenen Persönlichkeit, unseres Temperaments und der Erfahrungen in unserem Leben unterschiedliche Wahrnehmungen und Empfindungen. Dennoch können wir versuchen, uns in unser Baby hineinzuversetzen und zu spüren, wie es ihm geht, was es fühlt und wie unser Verhalten auf es wirkt. Dies beginnt sicherlich damit, dass wir ein kleines Kind als einen gleichwertigen Menschen betrachten und ihm genauso viel Respekt entgegenbringen, wie wir uns selbst auch wünschen, dass man ihn uns gegenüber zeigt.

Ich finde es sehr hilfreich, wenn man versucht, etwas nicht nur über den Verstand, sondern auch durch die eigene Erfahrung zu begreifen. Die meisten von uns können sich vermutlich nicht mehr daran erinnern, wie sie sich als Baby gefühlt haben, wenn sie zum Beispiel gefüttert wurden. Aber wir können diese Erinnerung wieder auffrischen, indem wir eine praktische Übung druchführen.

Eine praktische Übung

Machen Sie zusammen mit Ihrem Partner, einer guten Freundin, einem guten Freund oder einer Person, der Sie vertrauen, einmal folgende Übung: Sie sind das Baby, und ihr Gegenüber soll Sie füttern. Dafür setzen Sie sich auf einen Stuhl und lassen Ihr Gegenüber alle Schritte vollziehen, die Sie sonst bei Ihrem Baby machen.

Ihr Gegenüber legt Ihnen einen Latz an, füttert Sie mit einem Joghurt, wischt Ihnen gelegentlich den Mund ab.

Nun versuchen Sie, drei verschiedene Möglichkeiten des Fütterns zu vollziehen.

Variante 1:
Bei Variante 1 werden Sie sehr liebevoll gefüttert. Ihr Gegenüber bereitet Sie auf seine Handlungen vor, bezieht Sie mit ein und ist mit Ihnen in einer liebevollen Kommunikation. «Schau, jetzt bekommt du gleich deinen Brei. Ich ziehe dir deinen Latz an, damit du nicht schmutzig wirst.» … Ihr Gegenüber ist mit seiner ganzen Aufmerksamkeit bei Ihnen, wartet, bis Sie bereit sind, und führt den Löffel vorsichtig in Ihren Mund. Er lässt Ihnen geduldig Zeit für das Hinunterschlucken und wartet ab, ob Sie noch mehr möchten. Sie haben die Möglichkeit, in Ihrem eigenen Tempo und Rhythmus zu essen.

Variante 2:
Bei dieser Variante werden Sie ohne Vorbereitung gefüttert. Ihr Gegenüber legt Ihnen einen Latz an und beginnt, Sie zügig zu füttern. Sobald Sie den Joghurt hinuntergeschluckt haben, wird gleich ein neuer Löffel hinterhergeschoben. Sie haben keine Zeit, den Joghurt wirklich zu schmecken oder zu genießen. Auch die Art, wie der Löffel in Ihren Mund geschoben wird, ist etwas ruppig. Hier wartet Ihr Gegenüber nicht ab, bis Sie Ihren Mund geöffnet haben, sondern beginnt gleich mit dem Füttern.

Nachdem die Schüssel leer ist, wird Ihnen der Mund ohne Vorwarnung mit einem kalten Lappen abgewischt.

Variante 3:
Bei Variante 3 wiederholt sich die Art des Füttern von Variante 2, nur dass Ihr Gegenüber dieses Mal auch noch am Handy liest und keinen Blickkontakt mit Ihnen teilt.

Dies sind drei Übungen und Erfahrungen, die Ihnen sicherlich gut dabei helfen können, wenn Sie zu verstehen versuchen, was es bedeutet, ein Baby zugewandt und feinfühlig zu füttern. Wenn Sie diese Übung mit Ihrem Partner machen, dann tauschen Sie die Rollen, sodass jeder von Ihnen mal das Baby war.

Wie fühlt es sich an, wenn einem plötzlich jemand ohne Vorwarnung mit einem kalten Lappen das Gesicht abwischt? Wie ist es, wenn man schnell gefüttert wird und dabei das Tempo nicht mitbestimmen kann? Wie fühlt man sich, wenn einem jemand Essen in den Mund schiebt, der mit seiner Aufmerksamkeit nicht bei der Sache ist, da er zum Beispiel nebenher etwas liest?

Und wie fühlt es sich im Gegensatz dazu an, wenn man mit viel Ruhe, Geduld und Zuwendung gefüttert wird?

Ich möchte an dieser Stelle bewusst keine Bewertung zu den einzelnen Varianten abgeben, sondern Sie bitten, sich wirklich mit dem Erlebten auseinanderzusetzen und für sich selbst oder im Gespräch mit Ihrem Fütter-Partner zu erspüren, was Sie dabei erfahren haben. Was haben Sie gefühlt? Und wie könnten vielleicht diese unterschiedlichen Erfahrungen für Ihr Baby sein? Bei welcher Variante wird es sich vermutlich am wohlsten fühlen?

Wenn Sie diese Übung gemacht haben, werden Sie gut verstehen können, wie sich ein Baby in den unterschiedlichen Füttersituationen fühlen wird, und ein gutes Gespür entwickeln, wenn es darum geht, Ihr eigenes Handeln an das Bedürfnis und das Empfinden Ihres Kindes anzupassen.

Die eigene Feinfühligkeit im Alltag schulen

1. Ebene: Ich reflektiere meine Handlung selbst.
- Meine Handlung: Was mache ich als Mama oder Papa?
- Meine Empfindung: Wie fühlt sich meine Handlung für mich selbst an?

2. Ebene: Ich versuche, mich in die Empfindung und Situation meines Babys hineinzuversetzen.
- Was würde ich machen, wenn ich das Baby wäre?
- Wie würde es sich für mich anfühlen, wenn ich das Baby wäre?

3. Rhythmus

Welche Rolle spielen Rhythmen im Alltag eines Babys?

Der Begriff «Rhythmus» begegnet Eltern sehr häufig, wenn es um das Thema Babys geht. Meist fällt er im Zusammenhang mit dem Schlaf- oder Stillrhythmus. Immer wieder liest man auch davon, einem Baby möglichst früh einen festen Rhythmus «beizubringen». Aber was ist damit eigentlich gemeint? Handelt es sich bei einem gesunden Rhythmus etwa um etwas Durchstrukturiertes, von außen Angelegtes? Oder geht es nicht vielmehr darum, das Baby darin zu unterstützen, seinen eigenen individuellen Rhythmus zu finden, der sich harmonisch mit unserem Familienrhythmus verbinden lässt?

Ein rhythmischer und an die individuelle Entwicklung eines Kindes angepasster Alltag hilft dem Säugling, seinen eigenen Rhythmus zu finden, und gibt ihm ein Gefühl von Sicherheit und Geborgenheit.

Wichtig ist für Sie als neue Eltern zunächst einmal zu wissen, dass ein Säugling Zeit benötigt, um sich an den Rhythmus und das Leben außerhalb des Mutterleibes zu gewöhnen. Das zeigt sich besonders darin, dass er seinen physiologischen Bedürfnissen ganz intuitiv folgt, etwa seinem Hunger oder seinem Bedürfnis nach Schlaf. Ein Neugeborenes hat seinen eigenen Rhythmus, der sich zunächst noch nicht nach unserem existierenden Tag-Nacht-Rhythmus richtet. Es lebt noch ganz im Hier und Jetzt und folgt auf natürliche Weise seinem inneren Rhythmus, der nur von seinen physiologischen Bedürfnissen geprägt wird. Ob es hell oder dunkel ist, ob seit dem letzten Stillen erst eine Stunde vergangen ist oder ob die Eltern gerade ins Bett gehen wollen – all das spielt hierbei keine Rolle.

Was ein Baby in den ersten Wochen seines Lebens jedoch dringend braucht, ist die Erfahrung, dass seine Bedürfnisse verlässlich und prompt gestillt werden. Diese Erfahrung erzeugt bei ihm durch eine ständige Wiederholung Vertrauen. Was bedeutet das für Sie als Eltern konkret?

Versuchen Sie, sich in den ersten Lebenswochen Ihres Kindes zunächst einmal nur darauf zu konzentrieren, seine Bedürfnisse zuverlässig und unmittelbar zu stillen. Das Baby weint und hat Hunger? Dann sollten Sie rasch darauf reagieren. Macht es von Anfang an die Erfahrung ‹*Wenn ich Hunger habe, reagiert meine Bezugsperson prompt und gibt mir Nahrung*›, wird es eben jene Erfahrung «abspeichern» und ein tiefes Vertrauen dahingehend entwickeln, dass es sich darauf verlassen kann, Nahrung zu erhalten, wenn es sie benötigt.

Dies ist eine sehr wichtige Erfahrung, denn nur so kann ein Kind mit der Zeit lernen, auch mal etwas länger auf seine Nahrung zu warten, ohne gleich um sein Leben schreien oder verzweifeln zu müssen. Es hat gelernt: *Ich kann mich darauf verlassen, dass meine Bedürfnisse verlässlich gestillt werden und dass sich jemand um mich kümmert. Wenn ich Hunger anmelde, bekomme ich Nahrung.*

Sie sollten als Eltern Ihren Fokus in den ersten Wochen also darauf richten, feinfühlig und verlässlich auf die Bedürfnisse Ihres Babys zu reagieren, auch wenn sie noch keinem festen Rhythmus unterliegen.

Besonders die ersten Wochen mit einem Neugeborenen sind für die meisten Eltern eine große Herausforderung. Plötzlich müssen sie mitten in der Nacht mehrere Male aufstehen oder werden aus dem Schlaf gerissen. Das Baby hat Hunger, eine volle Windel oder will einfach nur etwas Nähe zu seinen Eltern. Dasselbe gilt für den Tag. Auch hier wird der Rhythmus in den ersten Wochen durch die Bedürfnisse des Babys bestimmt.

Sie haben Ihr Baby gestillt, und es liegt nun friedlich in seinem Bett und schläft. Gerade wollen Sie schnell unter die Dusche springen, da schreit es lauthals los. Für Sie bedeutet dies, dass Sie zu Ihrem Kind eilen und nach ihm sehen – die Dusche muss warten.

Ich kann Ihnen an dieser Stelle aber versichern, dass diese anfangs kraft- und nervenzehrende Zeit, die zugegebenermaßen sehr anstrengend sein kann, all der Mühe wert ist. Denn Ihr Kind wird ein Urvertrauen dahingehend entwickeln, dass jemand da ist, es wahrnimmt, wertschätzt und sich verlässlich und prompt um es kümmert. Auf dieser Grundlage können Sie dann auch mit ihm einen gemeinsamen Rhythmus aufbauen.

Wie können Sie nun Ihr Baby dahingehend unterstützen, einen Tag-Nacht-Rhythmus zu entwickeln? Die wohl natürlichste und einfachste Möglichkeit, ihm ein anfängliches Gefühl für einen solchen Rhythmus zu vermitteln, besteht darin, das Stillen seiner Bedürfnisse in ihrer Art und Weise an die jeweilige aktuelle Uhrzeit anzupassen.

Wie stille ich die Bedürfnisse des Babys in der Nacht?

Meldet Ihr Neugeborenes in der Nacht Hunger an, so versuchen Sie, das Stillen oder Füttern möglichst ruhig und zurückhaltend zu gestalten. Besorgen Sie sich zum Beispiel eine Lampe für die Nacht, die nur ein sehr gedämpftes Licht erzeugt. Vielleicht können Sie auch im Dunkeln stillen. Das müssen Sie für sich herausfinden. Bekommt Ihr Baby eine Flasche, so ist es sehr ratsam, alles, was Sie für die Nahrungszubereitung benötigen, griffbereit neben Ihrem Bett zu haben.

Versuchen Sie, die Füttersituation ohne große äußere Anreize zu gestalten. Fangen Sie also möglichst nicht an, mit Ihrem Kind zu spielen oder laute Geräusche zu erzeugen.

Denn Babys sind sehr neugierig und wollen die Welt entdecken, sie lassen sich schon von den kleinsten Attraktionen ablenken und werden sich ihnen interessiert zuwenden. *Was ist das für ein Gegenstand? Wo kommt das Geräusch her?* Damit ein Baby nach der Nahrungsaufnahme wieder schnell in den Schlaf finden kann, ist es wichtig, dass der Schlafraum und die Umgebung reizarm gestaltet sind.

Dasselbe gilt für den Windelwechsel. Auch hier sollten Sie möglichst alle Dinge, die Sie benötigen, griffbereit haben. So können Sie, wenn Ihr Kind Bedarf hat, mit wenigen Handgriffen und bei gedämpftem Licht ihm eine frische Windel machen. Mit der Zeit wird das Baby auf natürliche Weise, anhand

Ihres an die Nacht angepassten Verhaltens, einen Unterschied zu den Situationen am Tag und denen in der Nacht erkennen. Gewöhnt es sich mit der Zeit an ruhige Nächte, dann schläft es auch schneller wieder ein und wird in der Regel nach ein paar Monaten mehrere Stunden am Stück schlafen können.

Wie stille ich die Bedürfnisse meines Kindes am Tag?

Ähnlich, wie Sie in der Nacht versuchen sollten, die Geräusche und Ihr Verhalten an die entsprechende Situation anzupassen, sollten Sie dies am Tag möglichst auch machen. Wenn Sie Ihr Baby beispielsweise schlafen legen, sollten Sie den Raum besser nicht stockfinster abdunkeln. In der Regel schläft es auch in der Helligkeit gut. Gleichzeitig kann es so auf natürliche Weise einen Unterschied zwischen dem Schlaf am Tag und dem in der Nacht erkennen: *Am Tag ist es hell, in der Nacht ist es dunkel.*

Dasselbe gilt für die Geräusche. Auch hier ist es ratsam, dass Sie sich möglichst natürlich und Ihren Gewohnheiten entsprechend in der Wohnung verhalten. Auch so kann Ihr Kind wieder auf natürliche Weise einen Unterschied zwischen Tag und Nacht erkennen: *Am Tag gibt es Geräusche, der Alltag ist lebhaft und nicht mucksmäuschenstill. In der Nacht hingegen ist es ruhig und es findet kein Leben in der Wohnung statt.*

Der kurze Überblick

- Stillen Sie verlässlich und prompt die Bedürfnisse Ihres Babys, so entwickelt es Vertrauen und die Sicherheit, sich auf Sie verlassen zu können.
- Passen Sie Ihr eigenes Verhalten, während Sie die Bedürfnisse Ihres Babys stillen, immer der entsprechenden Tages- oder Nachtzeit an, so lernt es auf natürliche Weise einen Unterschied zwischen dem Leben am Tag und dem in der Nacht kennen.

Mit diesen zwei Methoden können Sie in den ersten Wochen Ihrem Baby ein anfängliches Gefühl für einen Rhythmus vermitteln, ohne dabei von außen wirklich einzugreifen. Vielmehr greifen Sie seinen Rhythmus auf und unterstützen es dabei, sich mit Ihrem Rhythmus zu verbinden.

Ein guter Tagesrhythmus stärkt das ganze Familienleben

Ist Ihr Baby schon ein paar Monate alt, werden Sie langsam ein Gespür dafür haben, zu welchen Uhrzeiten es isst, schläft oder spielt. Nun sollten Sie als Eltern versuchen, einen guten Tagesrhythmus zu gestalten. Denn je älter ein Kind wird, umso mehr orientiert es sich an seiner Außenwelt. Es beginnt den Rhythmus aufzugreifen und zu verinnerlichen, den es bei Ihnen erlebt und wahrnimmt. Es hat in den vergangenen Monaten gelernt, dass es sich auf Sie verlassen kann, wenn es darum geht, dass seine Bedürfnisse gestillt werden. Es hat zudem einen Tag-Nacht-Rhythmus entwickelt, auch wenn er noch sehr unterschiedlich ausgeprägt sein kann. Manche Babys schlafen in der Nacht bereits mehrere Stunden am Stück durch, andere werden noch häufiger wach.

Ritual

Damit Ihr Baby nun einen festen Rhythmus entwickeln kann, der zu Ihrem Familienleben passt, braucht es Rituale, an denen es sich orientieren kann. Immer wiederkehrende Rituale im Tagesablauf geben ihm Sicherheit und Selbstbewusstsein. Sie helfen ihm dabei, die Welt, in der es lebt, zu überschauen und in ihr agieren zu können. Wenn Sie im Alltag zwischen den Übergängen, etwa vom Mittagessen zum Mittagsschlaf, immer wieder gleichbleibende und feste Rituale einbauen, kann es sich an ihnen orientieren und sich auf den nächsten Schritt einstellen. Auch wenn es noch nicht in der Lage ist, wirklich zu verstehen, was es heißt: «Jetzt ist Schlafenszeit!», kann es doch die regelmäßigen, gleichen Abläufe erkennen und die richtige Verbindung herstellen. So erfährt es Sicherheit und Verlässlichkeit. Denn die Dinge geschehen nicht aus heiterem Himmel, sondern zu einer gewohnten Zeit und mit einem gewohnten Ritual, an einem gewohnten Ort.

Diese äußere Hülle, die Sie Ihrem Baby durch den von Ihnen angelegten Rhythmus und die wiederkehrenden Rituale geben, ist die Voraussetzung, dass es seine Selbstwirksamkeit entfalten und sich in der Welt orientieren kann.

Der rhythmische Wechsel zwischen der «Bei-sich-sein-Zeit» und der «Nah-beieinander-sein-Zeit»

Neben den vielen kleinen, sich wiederholenden Ritualen, die dem Übergang und der Orientierung dienen, sollte auch der gesamte Tag sich in einen lebendigen Rhythmus gliedern. So gibt es tagsüber Zeiten, die Raum geben für ein «Bei-sich-sein»: etwa wenn das Baby auf seinem Fellchen liegt und zufrieden im Hier und Jetzt lebt, ganz vertieft in eine feine Zwiesprache mit sich und seinem Körper – wenn es seine Händchen freudig dreht und wendet, die Faust in seinen Mund schiebt, mit seinen Fingern versucht, seine Zehen zu fangen, oder sich gerade darauf konzentriert, herauszufinden, wie es sich vom Rücken auf den Bauch drehen kann.

Hier erlebt das Baby seine Selbstwirksamkeit und kann sich mit Freude sich selbst und seiner Entwicklung widmen. Ist es von der «Bei-sich-sein-Zeit» gut gesättigt, so wird es sich durch ein Quengeln oder Weinen bemerkbar machen.

Dann kann wieder die «Nah-beieinander-sein-Zeit» kommen. Jetzt braucht das Baby wieder ganz viel Nähe, indem Sie es zum Beispiel in den Arm nehmen, es in die Trage legen, stillen oder einfach mit ihm kuscheln.

Der rhythmische Wechsel zwischen diesen beiden Zeiten, dem «Bei-sich-Sein» und dem «Nah-beieinander-Sein», ist eine natürliche Form der Selbstregulation. Gleichzeitig stärkt eine gesunde Balance dieser beiden Zeiten auch die gesunde Entwicklung der Bindung zwischen Ihnen und Ihrem Kind.

Den Rhythmus selber leben

Wenn Sie sich als Eltern wünschen, dass Ihr Kind einen gesunden und lebendigen Rhythmus entfalten kann, müssen Sie ihm ebenjenen Rhythmus vorleben. Anders als schon etwas ältere Kinder, die ganz in der Kraft der Nachahmung leben, ist ein Baby noch so eng mit uns verbunden, dass es eher mit uns mitschwingt, als dass es nachahmt. Dieses Mitschwingen mit unserer inneren Gefühlswelt und auch mit unserem inneren Rhythmus zeigt sich meist besonders stark, wenn wir in Stress geraten, durcheinander sind oder wenn uns gerade alles über den Kopf wächst. Kommen wir in diese innere Gefühlsstimmung, so spiegelt uns unser Baby dies meist mit Weinen oder einer besonderen Anhänglichkeit.

Ähnlich verhält es sich auch bei dem Tagesrhythmus. Sind wir selbst nicht in der Lage, eine klare Struktur zu haben, einen Rhythmus zu leben, so wird dies für unser Kind natürlich auch nicht möglich sein.

Ein lebendiger und gesunder Rhythmus bedeutet nicht, dass Sie Ihren Tag auf die Minute genau durchplanen müssen. Aber der Tag sollte so strukturiert sein, dass er immer wiederkehrende Rituale enthält, dass es für Ihr Baby einen Rhythmus bezüglich Schlafen, Wachsein, Spielen und Essen gibt, der sich mit Ihrem eigenen Rhythmus gut verbindet. So kann es einfach mitschwingen und auf natürliche Weise den Rhythmus Ihres Familienlebens verinnerlichen.

«Lass mir Zeit!» Jedes Baby hat seinen eigenen Rhythmus und sein eigenes Tempo

Wie oft passiert es einem als Mutter oder Vater, dass man kurz denkt:

Mein Kind müsste sich doch schon längst auf den Rücken drehen können.

Oder: *Eigentlich sollte mein Kind schon sitzen können, wie die Tochter meiner Freundin es bereits kann.*

Manchmal sind es aber auch Kommentare von außen, wohlmeinende Ratschläge zur Entwicklung des Kindes, die einen aber meist eher verunsichern:

Wie, Ihr Kind hat noch keinen Zahn? Was, es trinkt immer noch ausschließlich Muttermilch? Sollte es nicht schon längst Brei essen? Vielleicht sollten Sie dies oder jenes mit Ihrem Kind trainieren?

Ob diese Aussagen nun von einer Person außerhalb der Familie getätigt werden und als Erwartung oder Urteil an Sie herangetragen werden oder ob Sie kurz selbst diese Gedanken gehabt haben – sie beziehen sich alle auf die Entwicklung, die ein Kind zu einem bestimmten Zeitpunkt erreicht haben sollte.

Aber trifft das wirklich zu? Oder orientieren sich diese Erwartungen nicht einfach nur an bestimmten Normen und Durchschnittserfahrungen, die bei einem Großteil der Gesellschaft verankert sind und an denen man sich leider viel zu oft auch aufhängt?

Der Schweizer Kinderarzt und Pädagoge Remo Largo (1943 – 2020) hat diese Tatsache in seinen zahlreichen wissenschaftlichen Forschungen und Beobachtungsstudien eindrucksvoll herausgearbeitet. So beschreibt er etwa, dass die Entwicklung, die ein Kind vollzieht, sich gleichermaßen durch Einheit und durch Vielfalt auszeichnet. Die Einheit in der Entwicklung zeigt sich darin, dass die einzelnen Entwicklungsschritte bei allen Kindern nahezu dieselbe Abfolge aufweisen. Die Vielfalt in der Entwicklung zeigt sich aber besonders schön, wenn wir unseren Blick auf das zeitliche Auftreten der jeweiligen Entwicklungsstadien richten und auf die Ausprägung bestimmter Verhaltensweisen.[7]

Es wird also Babys geben, die bereits mit sechs Monaten ihren ersten Zahn bekommen, während andere erst um den ersten Geburtstag herum ihr erstes Zähnchen haben. Manche Babys können mit zehn Monaten schon laufen, andere wiederum erst mit siebzehn Monaten. Das eine Kind spricht bereits mit zwölf Monaten seine ersten Wörter, während andere erst spät mit dem Sprechen beginnen.

So wie ein Neugeborenes Zeit benötigt, um sich an den Rhythmus außerhalb des Mutterleibes zu gewöhnen, so braucht ein Baby auch Zeit und Geduld, um seinen eigenen Rhythmus in seiner Entwicklung zu finden. Jedes Kind unterliegt seinem individuellen Tempo und Rhythmus. Das zu verstehen ist für Sie als Eltern wichtig und hilfreich, denn es erspart Ihnen viel Stress und Sorgen.

Wenn Sie die Entwicklung, mit der Ihr Kind gerade beschäftigt ist, wahrnehmen und erkennen, können Sie es im Alltag auch besser begleiten und unterstützen.

In diesem Zusammenhang ist es immer wieder hilfreich, sich gegenüber dem eigenen Kind folgende Fragen zu stellen:

Womit bist du gerade beschäftigt?

Was brauchst du von mir, damit ich dich in deiner Entwicklung unterstützen kann?

Wenn wir uns offen und ohne eine Normvorstellung der Entwicklung unseres Kindes zuwenden und ihr mit Geduld und Achtsamkeit begegnen, werden wir ihm eine nützliche Hilfe und Unterstützung sein.

Ich sehe dich und lasse dir Zeit. Du darfst dich in deinem individuellen Rhythmus und Tempo deinen Entwicklungsaufgaben widmen.

Erlebt ein Kind in uns diese innere Einstellung und Haltung, so erfährt es nicht nur unser Vertrauen in es selbst und seine Fähigkeiten, sondern auch unser Zugeständnis, sich in seiner Individualität entwickeln zu dürfen, ohne von uns in dieser individuellen Entwicklung ausgebremst, gedrängt oder gar verändert zu werden. Ein solches Vertrauen und Zugeständnis von unserer Seite wird das Kind nachhaltig bestärken, dass es genau richtig ist, so wie es ist, und dass wir es in seiner Individualität sehen, wahrnehmen, respektieren und unterstützen.

Solch eine Erfahrung des Angenommenseins stärkt langfristig gesehen nicht nur die Eltern-Kind-Bindung, sondern auch das Selbstwertgefühl des Kindes und besonders den Glauben an sich selbst und in die eigenen Fähigkeiten. Diese positive Grundhaltung und Bestärkung können wir unserem Kind bereits im Säuglingsalter zukommen lassen.

Für dich und mich – für uns zusammen!

Mit jedem deiner Schritte betrittst du unbekanntes
Terrain.
Wir werden langsam.
Staunen. Sehen. Hören. Fühlen.
Wir haben Zeit.
Fragen tauchen auf, die ich dir helfe zu beantworten.
Ich bin ganz bei dir und lausche, was du mir erzählst.
Wir sind hier.
Zusammen.
In diesem Moment!

Käthe Bleicher

4. Babys Bedürfnisse verstehen und erkennen

«Ich sehe dich, mein Schatz.» Bedürfnisorientiert den Alltag mit dem Baby gestalten und begleiten

In den ersten Wochen als frischgebackene Eltern entstehen immer wieder Momente großer Verunsicherung, Hilflosigkeit und manchmal sogar Ohnmacht – besonders dann, wenn das Baby weint und Sie versuchen, dieses Weinen zu entschlüsseln. Nicht jedes Bedürfnis eines Säuglings ist sofort zu erkennen und zu beantworten. Manchmal benötigt es viel Zeit, bis sich einem als Mutter oder Vater die richtige Antwort auf das Weinen eines Babys zeigt. Dieser Schwebemoment zwischen dem Zuwenden und Hören und schließlich dem Sehen und Verstehen ist nicht immer leicht auszuhalten. Denn wir neigen schnell zu raschen Antworten, Lösungen und Handlungen, wenn ein Baby zu weinen beginnt. Lässt die richtige Antwort aber lange auf sich warten, dann schleichen sich meist auch ambivalente Gefühle ein.

Für mich bedeutet bedürfnisorientiert aber nicht, dass man als Eltern jedes Bedürfnis, jedes Weinen oder Schreien des eigenen Kindes sofort beantworten und stillen muss. Es ist für mich vielmehr eine Frage der inneren Haltung, wie wir einem Bedürfnis des Kindes begegnen und ihm nachkommen.

In erster Linie geht es doch darum, dass wir ein Bedürfnis unseres Babys, auch wenn wir es vielleicht nicht sofort erkennen können, ernst nehmen, es ihm zugestehen. Dass wir nicht ängstlich oder gar panisch auf das Weinen reagieren, sondern beginnen, uns damit auseinanderzusetzen:

Was brauchst du von mir? Wie kann ich dir helfen? Ich sehe, du hast ein Bedürfnis, das ich noch nicht erkenne. Lass uns gemeinsam versuchen herauszufinden, was du in diesem Moment brauchst.

An manchen Tagen sind viel Zeit und Geduld sowie ein genaues Hinhören und -sehen nötig, um zu verstehen, was einem das Baby in diesem Augenblick zu vermitteln versucht. Lässt die richtige Antwort dann lange auf sich warten, mischt sich bei einem selbst häufig auch das Gefühl von großer Verzweiflung oder Hilflosigkeit, manchmal vielleicht sogar Wut darunter – Wut über sich selbst, weil man vermeintlich nicht versteht, was das Baby in diesem Augenblick braucht. Auch wenn es sich so gar nicht verhält.

Was können Sie als Eltern in solch einer Situation tun? Anstatt den Fokus nur darauf zu richten, sofort alles verstehen zu wollen und an sich selbst den Anspruch zu stellen, die passende Antwort, die Lösung im Handumdrehen parat zu haben, ist der richtige Weg zunächst einmal der, mit seinem Kind in Beziehung zu treten und, indem man sich ihm zuwendet, mit ihm und seinem Anliegen in eine feine Zwiesprache zu kommen.

Einem Säugling bleibt ja zunächst einmal nichts anderes übrig als zu schreien, zu weinen oder zu quengeln, wenn er uns auf eines seiner Bedürfnisse aufmerksam machen will. Wenn wir nun auf dieses Schreien, vielleicht auch Protestieren, nicht panisch reagieren und versuchen, das Kind sofort zum Schweigen zu bringen, sondern uns ihm mit Ruhe, Feinfühligkeit und wahrhaftigem Interesse zuwenden, so wird es uns auch gelingen können, seine Bedürfnisse zu entschlüsseln.

Denn auch wenn wir nicht sofort verstehen, worum es gerade geht, was unser Kind braucht oder was es bedrückt, so erlebt es doch, dass wir es hören, sehen, wahrnehmen, ernst nehmen und reagieren. Wenn wir ihm zugestehen, dass es seine Bedürfnisse durch seine Art und Weise an uns herantragen darf, ohne dass wir ihm etwa sofort den Schnuller in den Mund schieben, erfährt es zugleich auch Wertschätzung und Respekt von unserer Seite. Wir respektieren es und gestatten ihm, uns seinen Kummer mitzuteilen, ohne ihm dabei zu vermitteln, dass seine Form der Kommunikation nicht erwünscht ist. Vielmehr bemühen wir uns, mit ihm gemeinsam einen Weg zu finden.

Also nehmen wir unser Baby liebevoll in den Arm, blicken es an und sprechen mit ihm. *Was brauchst du gerade? Erzähl es mir. Wie kann ich dir helfen?*

Vielleicht mag uns das im ersten Moment etwas seltsam vorkommen: mit einem Säugling, der uns verbal selbstverständlich nicht antworten kann, zu plaudern?

Aber wenn Sie dies tun, werden Sie feststellen, dass Ihr Kind anfängt, mit Ihnen mitzuschwingen. *Da ist jemand, der mich ernst nimmt. Jemand, der versucht, mich und meine Bedürfnisse zu verstehen.*

Aus diesem Miteinanderschwingen und Kommunizieren wird sich mit der Zeit eine eigene Sprache entwickeln. Ein tiefes Verständnis dafür, welche Bedürfnisse Ihr Baby in den unterschiedlichen Situationen gerade hat, und ein tiefes Vertrauen bei dem Baby in Sie, dass Sie ebenjene Bedürfnisse verlässlich und angemessen beantworten können.

Denn ein kleines Kind besitzt von Natur aus eine enorme Kooperationsbereitschaft. Genau wie Sie versuchen, seine Signale richtig zu deuten, genauso versucht auch das Kind, Ihre Signale zu verstehen und zu deuten. Am Anfang müssen Sie also beide lernen, sich gegenseitig richtig zu verstehen und wahrzunehmen. Sie haben hierbei vor allem die Aufgabe, die Bedürfnisse Ihres Kindes zu begreifen und zu erfüllen. Das Baby wiederum braucht die Sicherheit, dass Sie dies können und auch verlässlich erfüllen.

Wie können Sie hierbei ganz praktisch vorgehen?

Wenn Ihr Baby also weint, Sie es liebevoll in den Arm nehmen und mit ihm in einen feinfühligen Dialog treten, können Sie innerlich ein paar Dinge für sich durchgehen:

Wann hatte mein Kind zuletzt Nahrung bekommen?

Wäre es möglich, dass es gerade Hunger hat?

Wann hat mein Kind zuletzt geschlafen?

Wenn Hunger und Müdigkeit ausgeschlossen werden können, setzen Sie Ihren Dialog fort:

Was bedrückt dich? Erzähl es mir. Ich höre dir zu![8]

Versuchen Sie während des Dialoges mit Ihrem Kind, mit all Ihren Sinnen bei der Sache zu sein. Sehen Sie genau hin und achten Sie auf seine Reaktionen:

Wie ist seine Mimik, seine Körperspannung, seine Bewegung der Händchen, Arme, Beine?

Wie nehme ich seinen Ausdruck wahr? Was erkenne ich?

Dreht es sich vielleicht von mir weg? Braucht es einfach nur etwas Ruhe?

Ist sein Körper sehr angespannt? Hat es vielleicht Bauchschmerzen?

Möchte es einfach ganz nah bei mir sein?

Wenn Sie die einzelnen Möglichkeiten durchgehen, teilen Sie dies gleichzeitig auch Ihrem Kind mit.

Kann es sein, dass du ganz nah bei mir sein willst? Ja, willst du das? Soll ich dich in die Trage nehmen?

Warten Sie ab und geben Sie Ihrem Baby Raum und Zeit, auf Ihr Angebot zu reagieren.

Merken Sie, dass Ihre Deutung nicht stimmt, dann korrigieren Sie sie.

Ich sehe, wir beide haben noch nicht die richtige Antwort gefunden. Lass mich sehen, was du stattdessen brauchen könntest.

Ihr Baby wird irgendwann ruhiger, es entspannt seinen Körper, und Sie haben verstanden, was sein Bedürfnis war.

Besonders am Anfang wird es eine Zeit dauern, bis Sie herausfinden, was Ihr Baby braucht. Aber wenn Sie dabei mit ihm in einem achtsamen und liebevollen Dialog sind, werden Sie recht schnell eine gewisse Sicherheit entwickeln. Sie werden mit jedem Mal besser und genauer verstehen, was es braucht – weil Sie nicht versuchen, eine schnelle Antwort zu finden, sondern sich und ihm Zeit geben, weil sie wahrhaftig an Ihrem Kind und seinen Bedürfnissen interessiert sind, es hören, wahrnehmen und ihm zugewandt sind. Dies wird ein tiefes

Vertrauen zwischen Ihnen beiden entstehen lassen und eine tiefe Sicherheit, dass Sie seine Bedürfnisse verlässlich stillen.

Ihr Baby wird durch Ihre erlebbare Bereitschaft, sich voll und ganz auf seine Bedürfnisse einzulassen, es aushalten können, wenn Sie am Anfang etwas länger Zeit brauchen, bis Sie die richtige Antwort finden. Denn es erfährt durch Ihre Begleitung, Ihre Kommunikation und die Beziehung, die Sie in diesem Moment mit ihm eingehen, Hülle und Halt.

5. Vertrauen in sich selbst und die eigene Intuition

Welche Rolle spielt der Dialog mit der kindlichen Seele?

Vertrauen in sich selbst und die eigene Intuition – das klingt für manche von uns einfach, da es Menschen gibt, die sich grundsätzlich in ihrem Handeln und in ihren Entscheidungen davon leiten lassen. Vielen von uns fällt dies aber zunehmend schwer.

Besonders bei der Frage nach dem «richtigen Umgang» mit einem Baby erlebe ich immer häufiger eine große Verunsicherung, obwohl viele Eltern eigentlich tief in ihrem Inneren die richtige Antwort, den richtigen Impuls für sich und ihr Kind bereits haben und auch kennen. Zum Beispiel tauchen dann folgende Fragen und Zweifel auf:

- *Wie lange sollte ein Baby im Bett der Eltern schlafen?*
- *Wann sollte es abgestillt werden? Wie lange sollte es gestillt werden?*
- *Wann sollten wir es in eine Fremdbetreuung geben? Oder sollten wir es lieber nicht tun, weil es ihm schaden könnte?*

Woran mag die große Verunsicherung wohl liegen? Einen Grund hierfür würde ich in dem enormen Informationsfluss sehen, der uns tagtäglich umgibt. Denn bei der Vielzahl an unterschiedlichen Meinungen, wissenschaftlichen Untersuchungen, Studien, Expertentipps und Ratschlägen wird es auf Dauer schwierig, dasjenige für sich herauszufiltern, das zu einem selbst, zur individuellen Gegebenheit und den persönlichen Voraussetzungen passt.

In der Hülle und Fülle an unterschiedlichsten Erziehungsansätzen, die alle auf ihre Weise ihre Berechtigung haben, geht manchmal der Blick aufs Wesentliche verloren: der Blick darauf, welcher Erziehungsansatz, welche Form der Lebensgestaltung zu einem selbst, zur eigenen Familie und besonders zu dem individuellen Bedürfnis des eigenen Kindes passt; das Vertrauen in sich selbst, als Eltern die richtige Entscheidung für sich und sein Baby fällen zu können.

Der Wunsch, alles perfekt und richtig machen zu wollen, seinem Kind die bestmögliche Zuwendung und Erziehung geben zu können und es richtig zu verstehen, ist bei fast allen Eltern vorhanden. Aber den Weg zu finden, wie dies gelingt, das ist eine schwierige Aufgabe und lässt sich nicht allein im Außen finden, sondern benötigt auch den Dialog mit dem Inneren. Und zwar nicht nur mit sich selbst, sondern vor allem mit dem eigenen Kind:

Was fühlst du? Wie denkst du? Was siehst du?

Friedhelm Beiner drückt das in seiner Darstellung des erzieherischen Impulses von Janusz Korczak (1878–1942) und seiner «Pädagogik der Achtung» folgendermaßen aus: *«Man muss wie ein Kind denken, fühlen und erleben, kindlich reagieren. Man muss Kind werden, während man erwachsen bleibt.»*[9]

Damit dies gelingen kann, benötigt es auch Vertrauen in sich selbst und sein eigenes Urteilsvermögen. Denn was bei dem einen Kind ein guter Ansatz ist, kann bei einem anderen das Gegenteil bedeuten. Um nun erkennen und verstehen zu können, was das eigene Kind braucht und will, bedarf es der Fähigkeit, mit ihm mitzufühlen und dem zu vertrauen, was man in dieser Position der kindlichen Verbundenheit wahrnimmt.

Handeln wir als Eltern aus dem inneren Dialog mit unserem eigenen Kind heraus, indem wir ihm nicht nur das Zugeständnis geben, uns gleichwertig zu sein, sondern seine kindliche Seele erkennen und respektieren, dann können wir das Außen mit dem Inneren verbinden und mit ihm gemeinsam den richtigen Weg finden. Dann sind wir auch in der Lage, aus der Vielzahl an Informationen und Meinungen, die uns umgeben, das herauszufiltern, was uns und unserem Kind in der Erziehung, der Lebensgestaltung und Beziehung dienlich ist und was eben nicht.

Babys brauchen starke Vorbilder, an denen sie sich orientieren können. Die Bedeutung der Selbstfürsorge

Wir haben bisher schon viel über Feinfühligkeit gesprochen, darüber, wie wichtig es für das Baby ist, in uns einen achtsamen, liebevollen, einfühlsamen und respektvollen Umgang erleben zu können.

Worüber wir aber noch kaum gesprochen haben, das sind die Selbstfürsorge und die Feinfühligkeit, die wir uns selbst entgegenbringen. Als ich Mama geworden bin, habe ich für mich eine wichtige Erkenntnis erlangt: Wenn ich meinem

Baby einfühlsam, achtsam und respektvoll begegnen möchte, dann muss ich diese Art und Weise der Fürsorge auch mir selbst zukommen lassen.

Denn wenn man sich bei der ganzen Fürsorge und Zuwendung, die man seinem Baby schenkt, selbst aus den Augen verliert und sich selbst gegenüber nicht achtsam ist, wird man über kurz oder lang völlig erschöpft und ausgebrannt sein.

Puh, das klingt gar nicht so leicht, oder? Und natürlich haben wir alle unterschiedliche Prägungen und Einstellungen in Bezug auf unser eigenes Selbstwertgefühl und unsere Fähigkeit, Selbstfürsorge leisten zu können.

Nicht jeder kann auf das Gefühl zurückgreifen, dass er liebenswert ist und es verdient hat, sich auch um sich selbst zu kümmern. Einige von uns mussten in ihrer Kindheit vielleicht viel um die Aufmerksamkeit der Eltern kämpfen, haben früh vermittelt bekommen, dass sie nicht liebenswert sind oder alles falsch machen. Solche Prägungen aus der frühen Kindheit und den Erfahrungen mit anderen Menschen im Leben erschweren es natürlich, wenn es darum geht, für sich selbst Fürsorge zu leisten.

Sagen Sie nach allem, was Sie als Eltern leisten, etwa – dem Sinne nach – am Ende des Tages Folgendes zu sich selbst?

Das hast du heute wirklich gut gemacht! Du bist trotz des Schlafmangels, deiner körperlichen Erschöpfung den ganzen Tag über für dein Baby da gewesen, hast es in den Arm genommen, wenn es dies brauchte, hast es gewickelt, gefüttert und liebevoll mit ihm kommuniziert. Du hast deine eigenen Bedürfnisse weit hinter die deines Babys gestellt. Jetzt liegt es zufrieden und wohlgesättigt in seinem Bett und schläft. Toll, du hast das wirklich klasse gemacht! Jetzt hast du es verdient, dich um dich selbst zu kümmern und dir etwas Gutes zu tun. Nur für dich!

Oder sagen Sie am Abend, nach all dem, was Sie als Mutter tagsüber getan haben, eher Sätze wie die folgenden zu sich selbst?

Du warst heute nicht gut genug. Du hast es nicht geschafft, neben der Fürsorge für dein Baby auch noch die ganze Wäsche zu waschen. Du bist nicht feinfühlig genug gewesen. Du hättest die Küche noch aufräumen müssen, und das Bad müsste auch noch geputzt werden.

Klopfen Sie sich selbst auf die Schulter? Und loben Sie sich als Eltern auch gegenseitig und erkennen Ihre Leistung an, die Sie beide erbracht haben? Oder sehen Sie nur, was noch besser hätte sein können?

Der Aspekt der Selbstfürsorge und Selbstwertschätzung ist ein wichtiger Punkt, wenn es darum geht, mit einem Baby in eine einfühlsame und fürsorgliche Kommunikation und Beziehung treten zu wollen. Denn ebenso wie ein Baby von uns Zuwendung und Achtsamkeit erfährt, erlebt es uns gleichzeitig auch als Vorbild im Hinblick darauf, wie wir mit uns selbst umgehen. Sich um einen anderen Menschen mit der Intensität zu kümmern, die ein Säugling seinen Eltern abverlangt, kostet Energie. Sehr viel Energie, die zwischendurch auch wieder aufgeladen werden muss. Und dieses Aufladen geschieht in Form von Selbstfürsorge und Selbstwertschätzung.

Unter Selbstfürsorge verstehe ich im Übrigen nicht, sich für fünf Minuten auf dem Klo einzusperren, um einfach mal eine kurze Zeit durchschnaufen zu können. Aber ja, das machen Eltern, sogar sehr viele. Auch ich habe das gemacht –

an Tagen, an denen ich kaum noch Energie hatte, als mein Kind gerade anfing, das Ausräumen von Schubladen für sich zu entdecken, und ich nicht mehr wusste, welche ich zuerst wieder einräumen sollte. Eigentlich ist das absurd, aber das Badezimmer kann in so einem Moment wie eine heilige Oase sein, in der man wenigstens für zwei Minuten dem Chaos der ausgeräumten Schubladen entfliehen kann. Aber das ist selbstverständlich keine Selbstfürsorge, sondern nur noch eine Notfürsorge. Ein kurzes Aufladen des Akkus, der kurz vor dem Aus ist.

Vielleicht haben mir aber auch diese Momente und Erfahrungen im Alltag mit meinem Baby gezeigt, dass wir die Selbstfürsorge als Eltern ernst nehmen sollten und dass wir mehr verdient haben, als nur auf dem Klo ein paar Augenblicke lang durchzuschnaufen.

Es ist in Ordnung, ja sogar wichtig, sich Auszeiten zu nehmen und seine Energiereserven wieder aufzutanken. Es fängt damit an, dass wir unsere eigenen Bedürfnisse wahrnehmen und eine Lösung dafür finden, ihnen im Alltag einen angemessenen Raum zu geben. Denn nur wenn wir uns selbst achten, lieben und respektieren, können wir unsere Liebe und Kraft auch dauerhaft mit unseren Kindern teilen und ihnen schenken.

Was bedeutet dies für Sie als Eltern konkret?

Versuchen Sie immer wieder während des Alltags, mit sich selbst, mit Ihrem Inneren in Kontakt zu treten:

- *Wie geht es mir gerade?*
- *Bin ich müde?*

- *Könnte ich eine Pause gebrauchen?*
- *Was würde mir jetzt guttun?*

Versuchen Sie, für sich selbst und Ihre Bedürfnisse ein Gespür zu entwickeln. Dies bedeutet auch, dass Sie Ihre eigenen Grenzen wahrnehmen:

- *Wo ist meine Energie zu Ende?*
- *Wo brauche ich Unterstützung?*

Wenn Sie einen Partner haben, sollten Sie versuchen, mit ihm gemeinsam zu besprechen, wer wann im Alltag mal eine Auszeit haben kann. Für Alleinerziehende ist hier die Herausforderung wohl am größten. Denn dann gibt es niemanden, der am Abend heimkommt und einem das Baby mal eben abnehmen könnte. Hier könnten vielleicht die Großeltern oder Freunde helfen. Vielleicht sogar ein Babysitter, wenn sonst niemand zur Verfügung steht.

In welcher Form könnte Selbstfürsorge im Alltag mit einem Baby stattfinden?

- Yoga
- sich mit Freunden treffen
- in Ruhe ein Buch lesen
- Musik hören
- Zeit mit sich selbst haben
- alles, was der Seele guttut und die Energie wieder auflädt (z. B. künstlerische Betätigung, Sport, Naturerlebnisse …)

Unser Baby wird selbstständig

Vom sicheren Hafen hinaus in die Welt

1. Der erste Schritt in die Autonomie

Warum wir unsere Kinder die Welt entdecken lassen müssen

Ein Baby ist von Beginn an auf die Fürsorge und den Schutz seiner Eltern angewiesen. Dies zeigt sich besonders in der Versorgung seiner physischen Bedürfnisse, etwa beim Füttern, Anziehen, Windelwechseln oder Baden. Hier benötigt es elementar unser aktives Tun und unsere Unterstützung.

Und dennoch, auch wenn das Kind diese Dinge zunächst noch nicht aus eigener Kraft heraus mitgestalten kann, können wir es vom ersten Moment an mit einbeziehen. Dies geschieht dann, wenn wir ihm mit Ruhe und Geduld gegenübertreten und ihm Raum und Zeit geben, uns auf unsere Handlungen zu antworten. So wird aus einer anfänglich eher passiven Haltung, in der sich das Kind scheinbar noch kaum beteiligt, ein immer aktiveres Mitmachen, bis es die Dinge eines Tages selbst beherrschen wird und sie allein tun kann. Denn das ist das eigentliche Ziel und Bestreben des kleinen Kindes: eines Tages die Dinge allein auszuführen, die Welt selbstbestimmt mitzugestalten und zu erleben.

Wir Eltern unterstützen das Kind dahingehend, diesen Weg von dem noch völlig hilflosen Neugeborenen zum selbstständigen Kleinkind meistern zu können. Wir helfen ihm, seine Selbstbestimmung und Selbstwirksamkeit zu finden und vor allem entwickeln zu können.

Dafür bedarf es auch der Akzeptanz und des Respekts davor, dass das kleine Kind die Welt erforschen und entdecken will. Kleinkinder besitzen von Natur aus ein hohes Maß an Neugier und ein großes Interesse, die Welt zu entdecken und mit ihr in Verbindung zu treten. Diese natürliche Eigenschaft des kleinen Kindes zeigt sich schon ganz früh.

Sobald ein Säugling in seiner Motorik und Mobilität so weit entwickelt ist, dass er greifen, sich drehen, krabbeln oder robben kann, wird er damit beginnen, die Welt um sich herum zu erkunden und zu erforschen.

Unsere Aufgabe als Eltern besteht nun darin, die Umgebung des Babys so zu gestalten, dass es diese erforschen und sich sicher in ihr bewegen kann. Damit ein kleines Kind seinem Forscherdrang nachgehen kann, benötigt es eine sichere und verlässliche Umgebung. Nur so kann es ungehindert seinen Erkundungsradius erweitern und seiner natürlichen Lust an der Bewegung ungestört nachgehen.

Also müssen wir als Eltern immer wieder versuchen, uns zu vergegenwärtigen, was die momentanen Bedürfnisse unseres Kindes sind.

In welcher Entwicklungsphase befindet sich unser Kind gerade? Beginnt es damit, sich an den Regalen hochzuziehen?

Dann müssen wir dafür sorgen, dass die Regale gut an der Wand befestigt sind und nicht umstürzen können.

Oder ist unser Kind gerade damit beschäftigt, alle Schubladen, die es auf seiner Erkundungstour durch die Wohnung antrifft, aufzuziehen und auszuräumen?

Dann sollten wir als Eltern die Schubladen durchsehen und die Dinge, die für das Baby gefährlich sein könnten oder nicht für es bestimmt sind, herausnehmen und an einem anderen, geeigneten Ort in der Wohnung verstauen. Ebenfalls sollten die Schubladen mit einer Sicherung ausgestattet werden, die beim Auf- und Zumachen ein Einklemmen der Händchen verhindert.

Natürlich ist es immer eine Frage des richtigen Verhältnisses. Selbstverständlich sollte die Wohnung nicht zu einem Sicherheitsbunker umfunktioniert werden. Die Gefahren, denen Ihr Baby auf seiner Erkundungstour begegnet, sollten immer seinem Alter, seiner Entwicklung und seinen Fähigkeiten angemessen sein. Ein Abwägen und ein Anpassen an die jeweilige Situation und die individuellen Bedürfnisse des Kindes ermöglichen ihm ein ungestörtes Entdecken der Welt.

Denn Sie werden schnell feststellen, dass eine Umgebung, die nicht an die individuellen Bedürfnisse eines Kindes angepasst ist, meist zu viel Frust und Stress führt. Sie müssten ständig Ihrem Kind hinterherlaufen, damit es nichts ausräumt, was es nicht soll oder was gefährlich ist. Es würde ein ständiges Ausbremsen und Einschränken in seinem natürlichen Drang, seine Umgebung selbstbestimmt erforschen zu wollen, erleben. Ein Baby ist natürlich noch nicht dazu in der Lage, eine Gefahr zu erkennen oder sie vorauszusehen, etwa: ‹Wenn ich mich an dem Regal hochziehe, fällt es um.›

Wie können wir unser Kind dabei unterstützen, seine Autonomie zu entwickeln und die Welt zu erforschen?

- Indem wir es einfühlsam beobachten:
  Womit bist du gerade beschäftigt?
  Welcher Entwicklungsstufe widmest du dich gerade?

- Indem wir unser Verhalten und die Umgebung an seine Bedürfnisse anpassen:
  Was brauchst du von uns?
  Wie können wir dich in deiner momentanen Entwicklung unterstützen, damit du dich ihr ungestört widmen kannst?
  Was erlebst du in deiner Umgebung?
  Was können wir tun, damit die Umgebung an deine Bedürfnisse angepasst ist?
- Indem wir unserem Kind Zeit lassen bei seiner Erkundung.
  Wir geben dir Zeit beim Spielen und Erkunden, ohne dich dabei zu unterbrechen.
- Indem wir Vertrauen in das Kind und seine Fähigkeiten haben.

Welche Rolle spielt die Bindungssicherheit des Kindes bei seinem Explorationsverhalten?

Je sicherer ein Kind gebunden ist, umso selbstbewusster ist es in seinem Explorationsverhalten. Hat es zu seiner Hauptbezugsperson, etwa seiner Mama, eine Bindungssicherheit entwickelt und stellt sie für das Baby eine sichere Basis dar, die ihm ein Gefühl von Urvertrauen gibt, so kann es sich gut von ihr trennen und die Welt erkunden. Denn es ist sich seiner Bindung sicher und weiß: Es kann immer wieder zu seiner sicheren Basis zurückkehren, wenn es zum Beispiel Angst, Kummer oder Gefahr verspürt.

Hat ein Säugling das Gefühl eines sicheren Hafens verinnerlicht und verfügt über mindestens eine Bindungsperson, die ihm ein Gefühl von Urvertrauen vermittelt, so wird die Trennung für eine gesunde Exploration gut gelingen können. Die Erkundungskreise, die es dann über eine weitere Distanz hinweg von seiner Hauptbezugsperson zieht, stellen für dieses Kind kein großes Problem dar.

Einem Baby oder Kleinkind, dem dieses Gefühl und diese Erfahrung jedoch ganz fehlen oder dem sehr ambivalente Erfahrungen mit seiner Bindungsperson begegnet sind, wird eine Trennung kaum oder nur sehr schwer gelingen, da es während der Trennung unter großer emotionaler Anspannung steht. Solche Kinder haben meist schon früh gelernt bzw. erlebt, keine wirklich verlässliche und sichere Basis in ihrer Bezugsperson vorzufinden, bei der sie in angstvollen oder stressvollen Momenten Zuflucht finden können. Vielmehr stellt ihre Bezugsperson häufig eine große Unsicherheit dar.

Meist entsteht diese Situation, wenn ein Säugling von seiner Bezugsperson unterschiedliche Signale und Botschaften durch Worte und Mimik erhält. Beispielsweise folgende Botschaften:

Geh und entdecke die Welt – halt, komm lieber wieder zurück zu mir!

Nein, es ist doch besser, du gehst die Welt entdecken, aber pass auf, sie ist gefährlich!

Vielleicht kommst du doch lieber wieder zurück zu mir ...

Solche Doppelbotschaften, die ständig schwanken zwischen «Geh weg» und «Komm her», schränken das Kind in seiner Explorationsfreude ungeheuer ein und verhindern ein wirkliches Entfernen von seiner Bezugsperson. So ziehen Kinder, die derartige ambivalente Signale erleben, meist nur sehr kleine Erkundungskreise, entfernen sich nicht weit von ihrer Hauptbezugsperson und kehren schnell wieder zurück – schon bei dem kleinsten aufkommenden Gefühl von Angst oder Gefahr.

Wenn einem das Loslassen schwerfällt und was dagegen hilft

Ich finde es hilfreich, wenn man sich immer wieder die Bedeutung der Bindungssicherheit für die spätere Selbstsicherheit des eigenen Kindes im Hinblick auf seine Erkundungsfreude und den Umgang mit den damit verbundenen Trennungen von uns bewusst macht.

Denn es gibt ja auch bei uns Erwachsenen ganz unterschiedliche Voraussetzungen, auf welches Bindungsmuster wir selber zurückgreifen können, wie wir selbst an unsere Eltern gebunden sind und welche Bindungserfahrungen wir selbst in unserer frühen Kindheit gemacht haben. Abhängig davon gehen wir natürlich, meist unbewusst, auch ganz unterschiedlich mit den zaghaften ersten Abnabelungsprozessen unseres Babys um, wenn es beginnt, die Welt zu entdecken.

So wird für viele Mütter oder Väter die Tatsache, dass das Baby für längere Zeit um die Ecke verschwindet, weil es etwas entdeckt hat, das es gerne erkunden möchte, kein Problem darstellen, während es andere Eltern geben wird, die schon in dem Moment, in dem ihr Kind aus ihrem Sichtfeld verschwindet, nervös und unruhig werden.

Meist ist diese Reaktion ein plötzliches Gefühl, das in uns

auftaucht und worauf wir scheinbar keinen Einfluss haben. Es ist unser eigenes Bindungssystem, das sich hier meldet.

Was oft von außen belächelt oder mit dem Vorwurf verbunden wird, man habe die Haltung von Helikoptereltern, geschieht bei einem selbst meist aus einer tiefliegenden Angst heraus, die sich plötzlich zu Wort meldet, wenn das eigene Kind beginnt, sich von einem zu lösen.

Trennungsunsicherheiten, das Vermeiden von Trennungssituationen und die scheinbare Unfähigkeit, das eigene Kind «loszulassen», bedürfen für das Ermitteln der Gründe eines sehr genauen Hinsehens und Nachspürens.

- *Wie ist das eigene Bindungsmuster?*
- *Welche Erfahrungen hat man selbst in seiner Kindheit, in seinem Leben im Hinblick auf Trennungen gemacht?*

All diese Dinge wirken sich natürlich auch unmittelbar auf das eigene Kind aus – und darauf, wie Sie als Eltern reagieren, wenn es beginnt, die Welt zu erkunden. Und dennoch ist es wichtig zu erwähnen, dass bestehende Bindungsmuster oder Ängste vor Trennungen nicht in Stein gemeißelt sind und mit einer entsprechenden qualifizierten Hilfe im Laufe des Lebens auch noch verändert und bearbeitet werden können.

Es ist also durchaus sinnvoll, sich als Eltern mit seinem eigenen Bindungsmuster und den eigenen Erfahrungen im Hinblick auf Trennungen in seiner Biografie auseinanderzusetzen und sich bei Bedarf professionelle Hilfe von außen zu holen, damit man eine gesunde und sichere Beziehung zu dem eigenen Kind aufbauen kann und es somit in seiner Entwicklung und Explorationsfreude optimal zu unterstützen vermag.

2. «Ich will aber nicht!» Der erste Wutanfall – worum geht es?

Früher oder später erwischt er jeden von uns: der Moment, in dem wir unser Kind zum ersten Mal in einem Wutanfall erleben. Und immer sind wir vollkommen unvorbereitet und meist völlig hilflos.

Milan sitzt am Tisch. Ich reiche ihm gerade das dritte Stückchen Brot, als er plötzlich laut aufschreit, mit seiner Hand den Teller vom Tisch fegt und dann seinen Kopf mit einem lauten Wums auf dem Tisch aufschlagen lässt. Milan vergräbt sein Gesicht in seinen Armen und beginnt bitterlich zu weinen.

Ich sitze da und verstehe nur Bahnhof. Wie jetzt? Er hat doch gerade noch fröhlich vor sich hingebrabbelt und mir zu verstehen gegeben, dass er noch ein weiteres Brot möchte. Und jetzt das?

Was ich in diesem Moment nicht gleich verstanden hatte: Milan wollte noch ein Stückchen Brot, aber nicht das, was ich ihm gegeben hatte, sondern das, was auf meinem Teller lag. Ein kleiner, aber feiner Unterschied – und für ihn sogar ein existenzieller.

Zunächst einmal ist es wichtig zu verstehen: Je kleiner die Kinder sind, umso schwieriger ist es für sie, uns ihre Bedürfnisse mitzuteilen. Es bedarf einer sicheren, emphatischen und achtsamen Beziehung zwischen Eltern und Kind oder zwischen einer anderen Bezugsperson und dem Kind, damit die Kommunikation auch ohne Worte gelingen kann. Mit zunehmender Mobilität und daher auch der damit einhergehenden Autonomie entwickeln die Kinder auch einen immer stärker werdenden Eigen-Sinn. Und dieser Eigen-Sinn führt früher oder später zwangsläufig auch zu dem einen oder anderen Wutanfall. Bei dem einen Kind früher, bei dem anderen Kind später. Aber bei allen ist eines gleich: Der Wutanfall ist Ausdruck tiefster Verzweiflung.

Das kleine Kind ist noch nicht in der Lage, seine Emotionen so zu regulieren, wie wir das im Erwachsenenalter können. Aber es zeugt von einer gehörigen Portion Lebensenergie, wenn ein Kind sich gegen Widerstand und Frust durchsetzt und weiß, was es will. Und das drücken Kinder auf unterschiedlichst Art aus. Sie schreien, werfen sich auf den Boden, schlagen um sich.

Für die Eltern kann dies in manchen Situationen sehr hart werden. Es ist nicht leicht, einen Wutanfall auszuhalten und dabei ruhig zu bleiben. Nicht mit Unverständnis zu reagieren, sondern geduldig an der Seite des Kindes zu bleiben und es so lange zu begleiten, bis es sich beruhigt hat. Aber es ist unverzichtbar. Nur durch die Begleitung der Eltern kann ein Kind mit der Zeit die Fähigkeit erwerben, mit seinen Gefühlen wie Wut, Frust und Enttäuschung allein umzugehen und diese auch zu bewältigen – um sie später auch in Worte fassen zu können.

Und Milan? Ich habe ihn in den Arm genommen. Gesagt, dass ich verstehe, dass er sich geärgert hat, weil er das Brot von meinem Teller haben wollte. Ich habe das ins Wort gebracht, was er noch nicht ausdrücken konnte. Die Emotion und den Grund für seine Wut. Dann habe ich ihm ein Stückchen von meinem Brot gegeben. Er hat tief durchgeatmet und mich angestrahlt. Puh, den ersten Wutanfall hätten wir somit gemeistert!

3. Ausblick: Das Ende der Elternzeit, was nun?

Die Fremdbetreuung. Was ist das Richtige für unser Kind?

Als ich mit meinem Sohn schwanger war, habe ich mich riesig gefreut. Ich wusste, nun würde alles ungewiss, aufregend und wundervoll anders werden. Doch war mir zu diesem Zeitpunkt natürlich noch nicht bewusst, welch einem immensen Druck man als Eltern ausgesetzt wird, wenn es um die Frage geht: *Krippe – ja oder nein? Und ab wann?*

Kaum ein Thema ist so heikel wie die Frage nach der richtigen Betreuungswahl für die Allerkleinsten. Aber fast alle Eltern werden irgendwann damit konfrontiert. Und niemandem fällt hier die Entscheidung leicht. Besonders dann nicht, wenn es in den großen Ballungsräumen sehr schwer ist, überhaupt einen geeigneten Platz für sein Kind zu bekommen – geschweige denn, dass man darüber hinaus eine große Auswahl hätte.

Hinzu kommt, dass viele Eltern auch gerne länger als die regulär üblichen zwölf Monate mit ihrem Kind daheimbleiben würden, es aber einfach nicht können, da die finanziellen Belastungen der Familie einfach zu hoch sind.

Nach der Geburt meines Sohnes habe ich sehr häufig die Frage gehört:

«Wann fängst du denn wieder zu arbeiten an? Habt ihr schon einen Krippenplatz?»

Was ich so gut wie nie gehört habe, war die Frage:

«Möchtest du vielleicht daheimbleiben, bis dein Sohn in den Kindergarten kommt? Findest du es vielleicht schön, mit deinem Sohn daheim zu sein?»

Ich persönlich hatte mir bewusst offengehalten, ob ich mein Kind nach dem Ende der Elternzeit von zwölf Monaten in eine Krippe geben werde oder nicht. Und manchmal fand ich es sehr schade, dass man als Mama meist nur die eine Frage zu hören bekommt:

«Wann kehrst du in deinen Job zurück?»

Denn das mit dem «Ich-kehre-in-meinen-Job-zurück» ist nicht so einfach. Es ist keine Frage, die man mit einem Satz beantworten kann, die schnell entschieden ist. Hinter ihr stecken ganz viele Überlegungen, Abwägungen, Diskussionen, schlaflose Nächte und vielleicht auch Sorgen und Ängste.

Nach der Frage, wann man in den Job zurückkehrt, kommen auch die Fragen:

- *Wie stellen wir uns eigentlich die Betreuung unseres Kindes außerhalb der Familie vor?*
- *Ab welchem Alter?*
- *Soll das Kind eine Krippe besuchen, zu einer Tagesmutter oder in eine Spielgruppe gehen?*
- *Wie viel Flexibilität bekommt man als Eltern heutzutage von seinem Arbeitgeber*
- *Was fühlt sich für einen selbst als Eltern und für das eigene Kind richtig an?*

Wenn man diese Fragen in Ruhe durchgeht, wird man schnell feststellen, dass dies keine leichte Entscheidung ist und die meisten Eltern bei dieser Entscheidung auch keine wirkliche Wahlfreiheit haben. Denn während die einen vielleicht gerne nach zwölf Monaten in ihren Job zurückkehren möchten und die anderen lieber etwas länger daheimbleiben wollen, gibt es ja auch noch die Frage nach dem Krippenplatz und den Möglichkeiten in der Arbeitswelt.

So wird es Eltern geben, die für ihr Kind keinen geeigneten Krippenplatz finden, andere werden vielleicht einen Platz finden, den sie annehmen *müssen*, weil ihr Arbeitgeber von ihnen verlangt, dass sie nach zwölf Monaten wieder in den Job zurückkehren. Wiederum andere müssen so schnell wie möglich wieder arbeiten, da sie sonst die Miete nicht bezahlen können.

Hinter jeder Antwort auf die Fragen «*Wann kehrst du in deinen Job zurück?*», «*Hast du schon einen Krippenplatz gefunden?*» stecken verschiedene Schicksale, Geschichten, Entscheidungen und Gründe, warum Eltern diesen oder jenen Weg wählen. Niemand wird zu einem besseren oder zu einem schlechteren Elternteil, weil er sein Kind zum Beispiel bereits mit einem Jahr in die Krippe gibt oder eben erst mit zweieinhalb Jahren. Vielmehr hat jede Entscheidung ihren individuellen Grund, ihre Berechtigung und vor allem den Respekt und die Wertschätzung der restlichen Gesellschaft verdient.

Ich bin mit meinem Sohn schließlich einundzwanzig Monate daheimgeblieben, weil wir vorher keinen geeigneten Krippenplatz gefunden hatten, aber auch, weil ich es so wollte und es glücklicherweise konnte.

An dieser Stelle möchte ich anmerken: Für diejenigen von Ihnen, die Ihr Kind in eine Krippe, zu einer Tagesmutter oder in eine Spielgruppe geben möchten, habe ich ein Buch geschrieben, wie dieser Übergang in die außerfamiliäre Betreuung bindungs- und bedürfnisorientiert gestaltet werden kann. In diesem Buch gehe ich auf alle relevanten Fragen rund um das Thema Eingewöhnung ein: *Sicher eingewöhnen. Wie ein einfühlsamer Übergang in die Krippe gelingt.*[10]

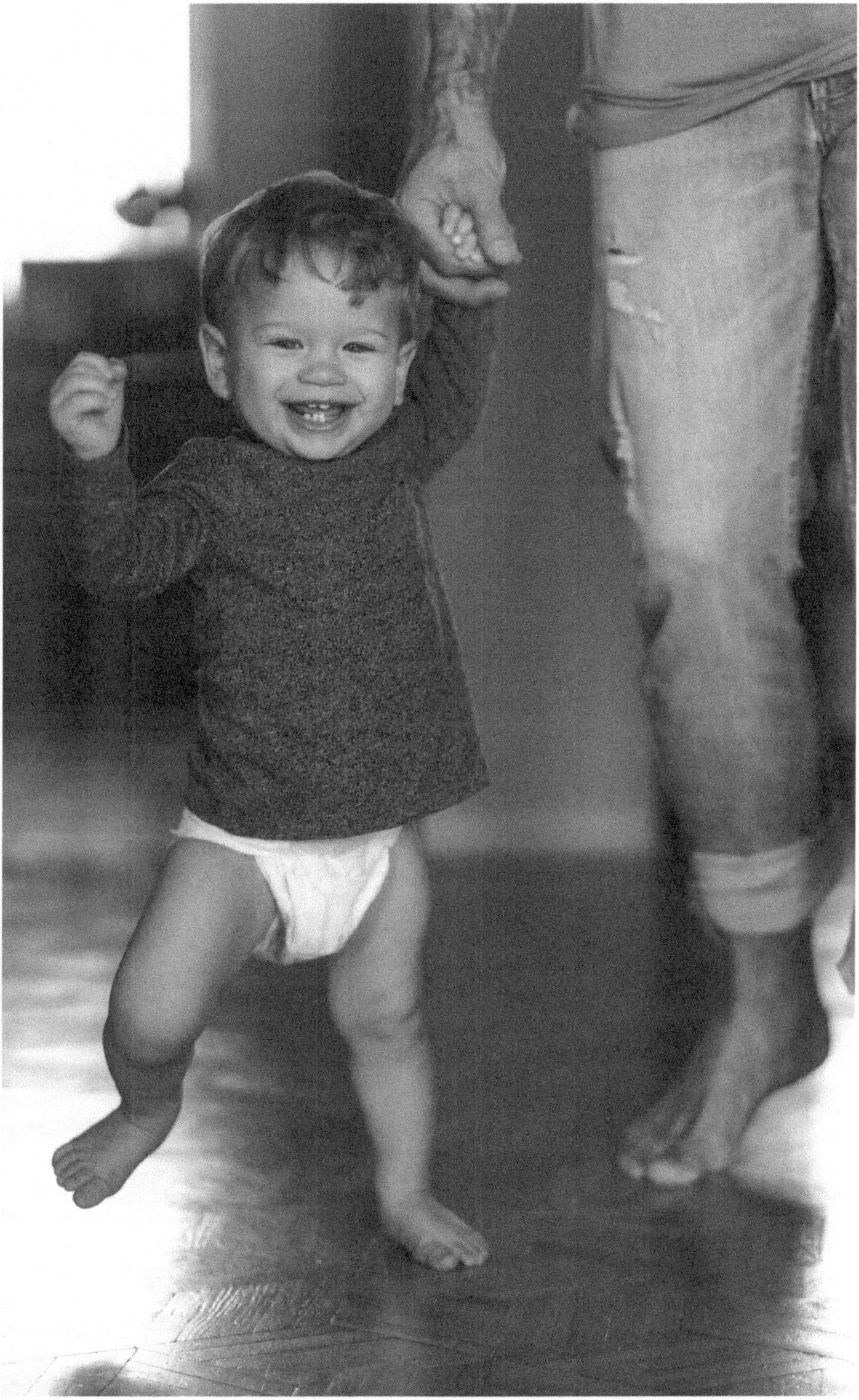

Auch feinfühlige Eltern
brauchen
Unterstützung

Für mich, mein geliebtes Ich!

Hier sitzt du also. Mein altes Ich. Verloren. Vergessen.
Wie ein einsamer Koffer im Wartebereich.
Das hier also bist du nun. Neu. Am Anfang.
Müde und erschöpft. Voller Freude und Glück.
Vielleicht bist du erstaunt, wie leicht es ging.
Vielleicht hast du gedacht, es würde endlos dauern.
Vielleicht hättest du erwartet, du würdest es mehr vermissen. Dein Ich. Das Alte.
Und jetzt? Jetzt bist du kein Ich, sondern ein Wir.
Vielleicht folgt auf dein Glück die Trauer.
Vielleicht vermisst du es doch – dein Ich. Das Alte.
Vielleicht ist aber alles auch nur ganz anders. Anders, aber schön.

Käthe Bleicher

1. Die Verwandlung vom Ich zum Elternsein. Wie ich meine neue Elternrolle finde und warum Zweifel normal sind

Die Verwandlung vom Ich- zum Elternsein ist in meinen Augen eine der wundervollsten und gleichzeitig auch eine der radikalsten Veränderungen, die man in seinem Leben jemals vollzieht. Sie ist etwas, auf das wir uns nur bedingt vorbereiten können, und gleichzeitig etwas, das auch ohne Vorbereitung einfach mit uns geschieht.

Schon während der Schwangerschaft beginnen wir, uns mit unserer neuen Rolle als Eltern auseinanderzusetzen, und versuchen uns innerlich wie äußerlich bestmöglich darauf vorzubereiten.

Wir beginnen, uns emotional auf unser Baby einzustellen, und es tauchen viele Fragen in uns auf:

- *Werde ich in meiner Rolle als Eltern die Verantwortung für unser Kind tragen können?*
- *Was wird aus unserem bisherigen Leben, wie sehr wird sich unser Alltag verändern?*
- *Wie wird unser Baby wohl sein?*
- *Wie werden wir uns verändern als Eltern?*
- *Wie kann ich den Bedürfnissen meines Kindes gerecht werden und woher weiß ich, was es braucht?*

Es wird ein Zimmer für das Baby hergerichtet. Wir kaufen einen Kinderwagen, Kleidung, eine Wickelkommode, suchen uns eine Hebamme, einen Kinderarzt, vielleicht besichtigen wir einen Kreißsaal, und wir überlegen uns: Wo und wie soll das Kind auf die Welt kommen?

Und dann kommt der Tag der Geburt unseres Kindes, und wir werden feststellen: Dieses kleine Menschenwesen, diese neue Menschenseele, die nun plötzlich vor uns liegt und uns so viel zu erzählen scheint, kennen wir noch nicht. Doch während wir uns noch nicht kennen, uns erst noch kennenlernen müssen, sind wir uns auf wundersame Weise doch so vertraut.

Unser Baby, das uns nun begegnet und unser Außen so sehr verändern wird, verändert auch unser Inneres. So begegnen wir mit der Geburt unseres ersten Kindes plötzlich einem Teil in unserem Inneren, der uns zuvor noch völlig fremd war. Auf eine kauf für mögliche gehaltene Weise wächst in uns selbst ein neues Wesen heran, mit dem wir von nun an leben müssen. Zu unserem alten Ich gesellt sich nun unser «Mamawesen», unser «Papawesen».

Und ähnlich, wie es mit allen anderen Dingen im Leben auch ist, müssen wir uns an diese Gegebenheit erst gewöhnen. *Wer bin ich nun? Was ist aus meinem alten Ich geworden? Ist es verschwunden, oder hat es einfach nur Platz gemacht, damit neben ihm auch noch unser Elternwesen existieren kann?*

Jeder von uns wird diesen Entwicklungsprozess in sich selbst, der nicht von heute auf morgen geschieht, sondern mit jedem Tag ein kleines Stückchen weiterwächst, auf ganz unterschiedliche Art und Weise erleben und wahrnehmen. Aber für uns alle ist dies eine neue Erfahrung, die uns an manchen Tagen weniger und an manchen Tagen mehr herausfordert.

Was bedeutet es, Eltern zu sein und zu werden? Wie wird man seiner neuen Rolle und der Verantwortung gerecht, die man plötzlich nicht mehr nur für sich selbst trägt, sondern nun auch für sein Kind?

Aus meiner Erfahrung kann ich sagen, dass es hierfür weder eine schnelle Lösung noch ein einfaches Rezept gibt. Denn Eltern zu sein und Eltern zu werden, das ist etwas Lebendiges, ständig Wachsendes. Es ist ein neuer Pfad, den wir beschreiten, ohne wirklich zu wissen, wie das Ziel am Ende dieses Weges aussehen wird. Wir brauchen Geduld und das Zugeständnis an uns selbst, dass es Tage geben wird, an denen man auch mal ratlos ist, und dass Fragen, die in einem auftauchen, manchmal auf die richtige Lösung oder Antwort warten müssen.

Je mehr wir uns auf das Hier und Jetzt einlassen, auf den Moment, den wir in diesem Augenblick gemeinsam mit unserem Kind erleben, umso weniger Druck werden wir selbst empfinden.

Ein schönes und wahrhaftiges Bild vermittelt uns hier das afrikanische Sprichwort: «Das Gras wächst nicht schneller, wenn man daran zieht.»

Nein, das tut es wahrhaftig nicht. Und ebenso wenig, wie das Gras schneller wachsen würde, wenn wir daran zögen, werden wir uns schneller entwickeln oder als Eltern besser werden, wenn wir von uns selbst von Beginn an verlangen, wir müssten sofort die perfekten Eltern sein, die immer alles wissen können.

Also werden wir an manchen Abenden das Gefühl haben: *Das war ein guter Tag, heute ist mir alles geglückt und ich bin zufrieden mit mir.* Und an anderen Abenden werden wir das Gefühl haben: *Heute war kein guter Tag. Ich habe die Bedürfnisse meines Kindes nicht wirklich verstanden. Werde ich ihm wirklich gerecht, oder müsste ich es eigentlich besser machen?* Dann zweifeln wir an uns selbst und sind vielleicht auch am Ende unserer Kräfte.

Wenn wir aber dem, was kommen mag, Raum und Zeit geben, kommen zu dürfen, und die Zweifel, die in uns auftauchen, willkommen heißen, anstatt sie zu unterdrücken, und uns selbst das Zugeständnis machen, dass es Zeit und Geduld erfordert, vom Ich- zum Elternsein heranzuwachsen, werden wir diesen Entwicklungsprozess in uns selbst auch meistern und bewerkstelligen können. Denn wir werden an jeder einzelnen Erfahrung, die wir auf unserem Weg machen, ein Stückchen weiterwachsen.

Vielleicht ist es auch ein bisschen so, dass jeder neue Entwicklungsschritt, den unser Baby vollzieht und den wir im gleichen Atemzug als «Mamawesen» und «Papawesen» auch neu beschreiten müssen, wie ein kleiner Neuanfang ist. Es kommt etwas in der Entwicklung des Kindes hinzu, das neu für uns ist. Das uns vor neue Herausforderungen stellt, neue Fragen aufkommen lässt und neue Antworten erfordert. Begegnen wir diesen vielen kleinen Neuanfängen mit Achtsamkeit, Zuversicht, Ruhe und Geduld, dann werden wir unseren Pfad auf dem Weg zum Elternsein immer sicherer beschreiten können und ihn mit unserem Kind gemeinsam gehen. Nebeneinander und nicht hintereinander.

2. «Schlaf, Kindlein, schlaf». Wie der Schlafmangel uns an den Rand unserer Kräfte treiben kann und was dagegen hilft

Der Schlaf des Babys ist in den ersten Lebenswochen und -monaten für die meisten Eltern ein sehr zentrales Thema in ihrem Alltag. *Wie gut kann das Baby schon durchschlafen, oder wacht es sehr häufig in der Nacht auf?*

Und die wohl wichtigste Frage für viele Eltern: *Warum gibt es Säuglinge, die nur einmal pro Nacht aufwachen und gleich wieder in den Schlaf finden, während andere Säuglinge auch nach ein paar Monaten noch sehr häufig wach werden?*

Als Eltern können Sie natürlich Ihr Baby dabei unterstützen, einen Schlaf-Wach-Rhythmus zu finden und ihn zu entwickeln. Wie Sie einen gesunden Rhythmus bei Ihrem Kind anlegen und dessen Entwicklung unterstützen, wurde bereits beschrieben (S. 51ff.). Dennoch ist es für Sie aber auch wichtig zu wissen, dass letztendlich ihr Kind hierbei bestimmend bleibt.

So schreibt etwa der bekannte Schweizer Kinderarzt und Pädagoge Remo Largo: «In den ersten drei Lebensmonaten bemüht sich der kindliche Organismus, sich einerseits an den Tag-Nacht-Wechsel anzupassen und andererseits einen Rhythmus in seine körperlichen und psychischen Aktivitäten zu bringen. Diese Aufgabe löst jeder Säugling unterschiedlich rasch.»[11]

Es wird also Eltern unter Ihnen geben, die das Glück haben, halbwegs gut in der Nacht schlafen zu können, während andere Mütter und Väter sich mit der Tatsache konfrontiert sehen, unter einem lang anhaltenden Schlafmangel zu leiden. Für Letztere ist dies meist eine große und auch belastende Herausforderung.

Nachts aufzuwachen und aus dem Schlaf gerissen zu werden ist für alle Menschen eine große Belastung, und nicht selten führt dies auch zu Aggressionen. Hierzu noch einmal Remo Largo:

«Nicht wenige übermüdete Eltern werden in der Nacht von Hassgefühlen überfallen, die sie selber erstaunen und zutiefst erschrecken, die sie kaum je äußern und – Gott sei Dank – auch nicht in die Tat umsetzen.»[12]

Es ist für alle Eltern erschreckend, wenn sie plötzlich gegenüber Ihrem eigenen Baby von derartigen Aggressionen oder Hassgefühlen überrollt werden, wie es bei einem Schlafentzug häufig geschieht.

Hierbei ist es unbedingt erforderlich, sich dieses Zustandes bewusst zu sein, seine eigenen Fähigkeiten und Grenzen wahrzunehmen und rechtzeitig zu erkennen und auf sie zu reagieren. Sie müssen unbedingt wissen, wo Ihre persönliche Grenze erreicht ist und wann Sie vielleicht Hilfe von außen benötigen. Sie sollten niemals Ihre persönliche Grenze überschreiten und Ihren Gefühlen in solch einem Zustand freien Lauf lassen. Denn so wie Sie plötzlich und ohne Ihr eigenes Steuern von diesem Gefühlszustand überrollt werden, ist auch Ihr Baby seinem eigenen Zustand, seinem inneren Rhythmus und seiner individuellen Entwicklung ausgeliefert. Es will Sie mit seinem ständigen Wachwerden und Schreien weder ärgern, noch kann es hierauf aktiv Einfluss nehmen. Was es in diesem Zustand braucht, ist die Erfahrung, dass es auch in solch einer Situation in Ihnen eine sichere und verlässliche Bezugsperson vorfindet, die es beschützt und liebevoll mit ihm umgeht.

Was können Sie also tun, wenn Sie merken dass Sie an Ihre innere Grenze stoßen?

Wichtig ist zunächst einmal, dass sie sich nicht selbst die Schuld geben oder meinen, Sie hätten versagt, wenn Ihr Kind in der Nacht oft wach wird und laut schreit.

Wenn Sie als Eltern in die Situation kommen, dass Sie an Ihre persönliche Grenzen geraten, sei es emotional oder auch körperlich, sollten Sie sich so schnell wie möglich Hilfe suchen.

Wie könnte dies aussehen?

- Sie könnten sich zum Beispiel gemeinsam Gedanken darüber machen, wer von Ihnen wann die nächtliche Betreuung des Babys übernimmt. Eine Möglichkeit wäre es, sich mit den Nächten abzuwechseln, sodass jeder einmal durchschlafen kann. Oder der Vater übernimmt zumindest am Wochenende die Nachtschicht, sodass sich die Mutter wenigstens dann erholen kann.
- Häufig wachen Säuglinge in der Nacht vor allem zur Nahrungsaufnahme auf. Also ist es natürlich sehr hilfreich, wenn das Baby mit Ihnen in einem Bett bzw. in einem Beistellbett neben Ihnen schläft. (Bitte erkundigen Sie sich vorher bei Ihrer Hebamme oder Ihrem Kinder-

arzt, was Sie bei der Wahl des Schlafplatzes Ihres Babys zu beachten haben und wie Sie ihn richtig wählen. Besonders wenn Sie Ihr Baby mit sich in einem gemeinsamen Familienbett schlafen lassen, gibt es einiges, was Sie beachten sollten.) Haben Sie das Kind nachts nahe bei sich, so müssen Sie es nur kurz anlegen, wenn es Hunger anmeldet, ohne dabei aufzustehen. Das ermöglicht es sowohl Ihnen wie auch Ihrem Baby, schneller wieder einzuschlafen.

- Manche Mütter oder Väter versuchen auch, den fehlenden Nachtschlaf durch einen gemeinsamen Mittagsschlaf mit ihrem Säugling auszugleichen.
- Wenn Sie Probleme haben, wieder einzuschlafen, kann es auch helfen, sich einen Tee zu kochen, etwas zu lesen oder sich vielleicht einen Podcast anzuhören.
- Auch hier gilt: Je mehr wir uns auf die Situation einlassen und versuchen, sie so weit wie möglich ohne Druck zu akzeptieren, umso besser können wir selbst damit umgehen. Es ist weder ein Versagen Ihrerseits noch eine Unfähigkeit Ihres Kindes, sondern einfach eine Herausforderung, mit der Sie als Eltern versuchen müssen umzugehen, auch wenn dies sehr anstrengend und kräftezehrend sein kann.
- Wichtig: Ein Baby schreien zu lassen, damit es durchzuschlafen lernt, ist keine Lösung! Es wacht in der Nacht auf, weil es Hunger verspürt oder weil es vielleicht auch gerade mit einer körperlichen Entwicklung beschäftigt ist, die sein Wohlbefinden stört, etwa dem Zahnen. Es will Sie also nicht ärgern, sondern braucht in diesem Moment eine fein-

fühlige und verständnisvolle Reaktion Ihrerseits. Es schreien und weinen zu lassen, bis es resigniert und erschöpft einschläft, ist nicht nur sinnlos, sondern auch quälend für das Kind.

3. Der schmale Grat zwischen purem Glück und totaler Erschöpfung

Wenn die eigenen Nerven am Ende sind

Eltern sein, Mama oder Papa werden – das ist ein unglaubliches Gefühl, das uns lange und anhaltend mit tiefer Liebe erfüllt. Es ist eine wundervolle Aufgabe, die einen besonders in den ersten Wochen wie auf einer nicht enden wollenden Glückswelle surfen lässt. Es ist so, als befänden wir uns mit unserem Baby in einer riesige Glückskugel, in der wir mit ihm fast zu verschmelzen scheinen. Über Stunden können wir es beim Schlafen betrachten, den Geruch seiner Babyhaut wahrnehmen und diese gewaltige Liebe spüren.

Doch irgendwann beim schier endlosen Surfen auf dieser Glückswelle wird es passieren, dass wir unser Gleichgewicht verlieren, von unserem Surfbrett herunterfallen und in kaltes Wasser plumpsen, das uns mit einem heftigen Sog nach unten zieht. Denn auch der beste Surfer muss zwischendurch von seinem Brett absteigen, sich neu sammeln, ausruhen und Kraft tanken, damit er die nächste große Welle genauso gut surft wie die Welle davor.

Klar ist: Ein Säugling braucht unsere unendliche Liebe, unsere Bereitschaft, zunächst alles für ihn aufzugeben, um uns ganz auf seine Bedürfnisse einlassen zu können. Um auf dieser Erde anzukommen, benötigt er viel Kraft und die

Sicherheit, dass da jemand ist, der ihn beschützt, der sich um ihn kümmert und verlässlich verfügbar ist. Ebenso so klar ist auch, dass ein Baby zunächst nur schreien kann, um sich zu artikulieren, und dass unsere Aufgabe als Eltern darin besteht, ebendieses Schreien feinfühlig zu beantworten.

Es ist wichtig, dass wir am Anfang des Elternseins dieses fast schon überirdische Glücksrauschen mit auf den Weg bekommen, damit wir die notwendige Kraft erhalten, um alle Wellen, die meist in sehr kurzen Abständen aufeinanderfolgen und uns kaum ausruhen lassen, mit dieser Bravour zu surfen, wie wir es alle in den ersten Wochen als neue Eltern schaffen.

Aber wenn die Wellen überschaubarer werden, wir unser Baby allmählich kennen, sein Schreien verstehen, unsere neue Rolle als Mama und Papa gefunden haben und besser wissen, welche Welle wir mitsurfen müssen und welche wir vielleicht auch auslassen können, sollten wir beginnen, auch wieder vermehrt an uns selbst zu denken.

Denn sonst wird irgendwann das Glücksgefühl immer leiser und das Gefühl der Erschöpfung immer lauter. Dann wird das Surfen der Welle kein leichter, sondern ein beschwerlicher und anstrengender Ritt. Und mit dem Schwinden der Kraft wird unsere Geduld kleiner. Wir werden strenger, gereizter und empfinden eine kleine und leichte Welle plötzlich als riesig und kaum bezwingbar.

In dem Moment, in dem wir nicht mehr wie in einem Rausch, beflügelt von purem Glück und von Leichtigkeit, die Wellen reiten, müssen wir damit beginnen, wie ein Profi zu surfen. Wie müssen unsere Kraft und Ausdauer gut kennen, entscheiden, welche Welle wir mit unserem Baby bezwingen können und welche nicht. Wir müssen den Mut aufbringen, jemanden um Hilfe zu bitten, wenn uns die Welle zu groß wird. Wir sind trotzdem gute Eltern, auch wenn wir zwischendurch mal eine kurze Auszeit am Strand nehmen, um wieder aufzutanken und Kraft zu schöpfen, und in diesem Moment jemand anderem den Vortritt lassen, damit wir selbst anschließend mit neuer Energie die nächste Welle meistern können. Das ist kein Versagen, sondern Selbstfürsorge, kein Scheitern, sondern Erkennen und verantwortliches Handeln. Denn nur so können wir gemeinsam mit unserem Kind die Welle sicher, ruhig, liebevoll und feinfühlig meistern, ohne dabei ins kalte Wasser zu fallen.

Natürlich kann man im Alltag mit einem Baby sich nicht einfach hinlegen oder sich spontan eine Auszeit nehmen. Aber man kann es organisieren, dass man sich diese Zeit nehmen kann.

- *Wann ist jemand da, der mich für eine Stunde ablösen kann?*
- *Oder kann ich vielleicht den Haushalt einfach mal ruhen lassen und mir ein schönes Buch nehmen, wenn das Baby schläft?*
- *Wo schaffe ich mir im Alltag bewusste Ich-Zeiten? Wo gibt es Momente, in denen ich ganz bei mir und meinen Bedürfnissen bin, mich nicht ablenken lasse, sondern reine Selbstfürsorge betreibe?*

Das ist im Übrigen kein Egoismus oder etwas, bei dem man als Eltern ein schlechtes Gewissen bekommen sollte. Es ist vielmehr großes Vorausschauen und ein gutes Haushalten mit den eigenen Kraftreserven, die man als Mutter oder Vater für den Alltag benötigt. Und am Ende kommt diese Selbstfürsorge vor allem Ihrem Baby zugute, wenn Sie sich seinen Bedürfnissen wieder mit frischer Energie liebevoll und geduldig zuwenden können.

Warum Fehler in Ordnung sind und das Baby sogar stärken können

Eltern wollen für ihr Kind da sein, sie wollen es lieben, beschützen, und sie versuchen, jeden Tag ihr Bestes zu geben. Was ist richtig, was ist falsch? Wie viele Grenzen sollte man als Eltern setzen? Was könnte dem Kind schaden? Und worum geht es eigentlich bei dem großen Ganzen in der Erziehung?

Zunächst einmal finde ich es hilfreich, sich mit der Frage zu beschäftigen, was es eigentlich heißt, Eltern zu werden. Bin ich dabei schon zu Beginn in einer Rolle, die ich perfekt beherrsche? Oder beginnt nicht jetzt im Gegenteil für mich etwas ganz Neues und Unbekanntes? Ist anfangs nicht jeder Schritt, den ich mit meinem Baby gehe, für mich genauso unbekannt wie für mein Baby? Betreten wir nicht gemeinsam Neuland, das wir nun – wenn auch von unterschiedlichen Positionen aus und mit unterschiedlichen Kompetenzen – gemeinsam entdecken und definieren müssen?

Ich finde schon. Besonders beim ersten Kind können wir nicht von Anfang an alles richtig machen. Ganz einfach, weil wir noch gar nicht wissen, was richtig und was falsch ist. Was unserem Baby guttut und was nicht.

Es kommt nicht auf jeden Blick, auf jedes Wort, jede Sekunde im Alltag an, sondern auf das große Ganze. Es geht auch nicht darum, alles richtig und perfekt zu machen. Es geht nicht darum, das Weinen eines Babys zu vermeiden, sondern dieses zu begleiten.

Nicht unser fehlerfreies Handeln zählt, sondern unser Wille, unsere Fähigkeit, uns selbst zu reflektieren und uns weiterzuentwickeln, sind entscheidend. Wie gehen wir mit Fehlern um? Sind wir bereit, sie zu korrigieren, sie zuzugeben und vor allem an uns selbst zu arbeiten?

Die Selbsterziehung ist ein wichtiges und unverzichtbares Werkzeug, wenn es um die Erziehung eines Kindes geht. Sie ist der Schlüssel dazu, dass wir uns weiterentwickeln und in unsere neue Rolle hineinwachsen können. Gleichzeitig erlebt das Baby in uns als seinem Vorbild, dass wir beweglich sind, uns ebenso wie es selbst weiterentwickeln und jeden Tag neu dazulernen. Wie wir mit unseren eigenen Fehlern umgehen, das ist eine grundlegende Einstellung und eine wichtige Grundlage, die wir als Vorbild unserem Kind mit auf den Weg geben werden.

So können wir uns doch, falls wir an uns selbst bemerken, dass wir in einer Situation mit unserem Kind nicht angemessen reagiert haben, dass wir im Umgang vielleicht etwas zu ungeduldig und zu forsch waren, im Anschluss daran bei ihm entschuldigen. Wir können unser Handeln korrigieren, indem wir es wahrnehmen und gegebenfalls ansprechen.

Nehmen wir einmal folgendes Beispiel:

Die kleine Martha schreit nun schon seit einer Stunde sehr laut und schrill. Ihr Papa ist mit ihr in einem feinfühligen Kontakt und bemüht sich, sie zu beruhigen und auf ihr Bedürfnis einzugehen.

Doch nichts scheint zu helfen. Martha schreit in einem fort. Ihr Papa merkt, wie das Schreien zunehmend seine Nerven strapaziert, da die Tonfrequenz sehr unangenehm ist. Irgendwann kommt er an einen Punkt, wo er es kaum noch aushält. Er bemerkt, dass er gereizt und ungeduldig wird. Schließlich platzt es aus ihm heraus: «Jetzt hör doch mal auf zu schreien, es ist genug!»

Martha blickt ihren Papa erschrocken an. Sie hört kurz mit dem Weinen auf, ehe sie es noch lauter fortsetzt.

Marthas Papa bemerkt sofort, dass er mit seiner Stimme das Kind erschreckt hat. Er bekommt ein schlechtes Gewissen. «Es tut mir leid, Martha, ich wollte dich nicht erschrecken. Ich weiß ja, dass du nichts für dein Weinen kannst. Mir war es einfach zu laut.»

Er hält Martha liebevoll in seinen Armen und begleitet ihr Weinen so lange, bis er sie beruhigen kann.

Was ist passiert? Marthas Papa ist irgendwann an seine persönliche Grenze gestoßen. Dies hat er mit einem ungeduldigen Satz zum Ausdruck gebracht. Aber er hat seine Grenze schnell wahrgenommen, sein Verhalten korrigiert, hat Martha durch seine Kommunikation wieder beruhigt und ihr vor allem wieder ein Gefühl von Sicherheit vermitteln können. Und Martha hat die Erfahrung gemacht, dass ihr Papa, auch wenn er mal kurz nicht angemessen reagiert hat, trotzdem mit ihr in Kontakt geblieben ist, sein Handeln reflektiert und korrigiert hat.

Was bei solchen Situationen bleibt, ist ja nicht allein die Tatsache, dass man sein Kind unangemessen angesprochen hat, weil man irgendwann an seine persönliche Grenze gestoßen ist, sondern dass das Kind erlebt hat: Meine Mutter, mein Vater können diese Grenze wahrnehmen und ihr Verhalten korrigieren und gemeinsam mit mir auflösen. So bekommt es mit auf seinen Weg, dass seine Eltern auch in Situationen, in denen sie mit Worten und Blicken gezeigt haben, dass ihre Geduld kleiner war als eigentlich nötig, dennoch mit ihm in Kontakt geblieben sind und sich selbst und ihr Verhalten reflektiert haben.

In meinen Augen ist dies eine sehr wichtige Erfahrung für ein Kind. Denn es gibt keine fehlerfreien Eltern. Man kann nicht rund um die Uhr alles richtig machen, aber man kann mit seinen Fehlern umgehen und sie zur Selbsterziehung nutzen. Kinder, die das von klein auf bei ihren Eltern erleben, werden diese Art, mit Fehlern umzugehen, in ihrem späteren Leben für sich selbst positiv nutzen können und daran wachsen.

Mit der Geburt bringt jedes Kind
zwei Urerfahrungen mit:
Verbundenheit und Über-sich-hinaus-Wachsen,
damit auch zwei Bedürfnisse,
die sich zeigen als Beziehungswille und
Gestaltungswille.
In jedem lebt dies als permanente Sehnsucht,
als Heimweh und Fernweh.
Wir müssen den Rahmen schaffen,
in dem sich ereignen kann, was wir uns wünschen,
was wir brauchen.
Wir brauchen eine Potenzialentfaltungskultur.
Wir müssen die Menschen einladen,
ermutigen, inspirieren.
Das Wichtigste ist heute die Beziehung.

Gerhard Hüther[13]

Nachwort

Ein Baby großzuziehen ist eine sehr verantwortungsvolle und auch herausfordernde Aufgabe. Nicht alles wird einem im ersten Lebensjahr des Kindes einfach von der Hand gehen. Es wird Tage geben, da sind die Zweifel größer als die Zuversicht, und andererseits Tage, an denen wir als Eltern an deutliche Grenzen stoßen und scheinbar im Dunkeln tappen. Diesen Zustand auszuhalten ist kein Leichtes, aber wenn sich die Dunkelheit plötzlich wieder lichtet, finden wir neue Wege und Impulse.

Vielleicht kann es hilfreich sein, wenn man sich selbst in seiner neuen Rolle der Mutter oder des Vaters als einen Lernenden betrachtet. Wenn man an sich selbst das Zugeständnis macht, nicht von heute auf morgen als kompetente Eltern dastehen zu können, sondern sich Zeit lässt für den Erwerb der elterlichen Kompetenzen und stets die Bereitschaft in sich trägt, sich selbst zu reflektieren und an sich zu arbeiten.

Wir betreten ebenso wie unser Baby Neuland, wenn wir zu Eltern werden. Auch wir müssen uns selbst und die neue Aufgabe und Verantwortung, die wir nun bekommen haben, erst kennenlernen und mit ihr vertraut werden. Dazu gehört selbstverständlich auch, nicht immer alles perfekt und richtig machen zu können, aber sich der Verantwortung und des wesentlichen Kerns unserer Aufgabe als Eltern stets bewusst zu sein.

Ein ganz wesentlicher Aspekt hierbei ist, zu erkennen, dass ein Mensch von Geburt an gleichwertig und kompetent ist.

Reinald Eichholz hat hierzu in einem Beitrag drei wunderbare Aspekte herausgearbeitet, die für mich sehr schön beschreiben, mit welcher Grundhaltung wir einem Kind vom Beginn seines Lebens an gegenübertreten sollten: *die Anerkennung der Einzigartigkeit des Menschenwesens, die Achtung der Selbstbestimmtheit des Menschen und das Zulassen der Erfahrung von Selbstwirksamkeit im Handeln.*[14]

Neben diesem Respekt, den wir einem Baby von Anfang an entgegenbringen, ist es aber ebenso wichtig, auch zu erkennen, dass ein Säugling von Geburt an elementar auf seine Eltern, ihre Zuwendung, ihre Liebe und Geborgenheit angewiesen ist. Er braucht mindestens eine verlässliche und verantwortungsbewusste Bindungsperson, die ihm Schutz und Sicherheit gibt und mit Feinfühligkeit seine Bedürfnisse prompt, angemessen und nachhaltig stillt. Das Kind ist von Geburt an in all seinen Verhaltensweisen der Bindung, die es uns gegenüber deutlich macht – etwa indem es schreit, von uns getragen werden will oder unsere Nähe benötigt –, darauf ausgerichtet, den wichtigen und prägenden Bindungsaufbau zu uns zu initiieren und zu bewerkstelligen.

Aus diesem Grund lassen sich auch besonders in den ersten Lebensmonaten viele Babys nur schwer ablegen und beginnen sofort zu schreien, wenn ihre Bindungsperson sie in einen fremden Arm legt oder aus ihrem Sichtfeld verschwindet. Aus Sicht eines Babys ist dies eine völlig nachvollziehbare und gesunde Reaktion. Aus Sicht einiger Erwachsener wird dieses Verhalten aber immer noch häufig als Ausdruck der Unfähigkeit, oftmals sogar als manipulatives Verhalten des Kindes betrachtet. Selbstverständlich ist dem nicht so. Denn ein Baby schreit, weint oder protestiert niemals aus manipulativen Gründen, sondern immer, weil es uns damit sein Bedürfnis mitteilen will und die Bindung zu uns sucht.

Wenn wir als Eltern zum Beispiel mal eben in die Küche verschwinden und unser Baby im Wohnzimmer zurücklassen und es nun laut zu schreien beginnt, ist dieses Schreien nicht eine Unfähigkeit des Kindes, etwa weil es nicht kurz allein bleiben kann, sondern eine ganz natürliche Reaktion und eine Aktivierung seines Bindungssystems. Es teilt uns damit mit: «Mama oder Papa, bleib bei mir oder nimm mich mit!»

Es versucht, durch seinen Protest die Bindung zu uns aufrechtzuerhalten und mit uns in Verbindung zu bleiben. Denn selbstverständlich besitzt es noch nicht die Kompetenz zu verstehen, dass wir vielleicht nur in der Küche sind, wenn wir aus dem Raum gehen und es zurücklassen.

Natürlich bedeutet dies nicht, dass man sein Kind niemals allein im Wohnzimmer liegen lassen darf, um in einen anderen Raum zu gehen. Aber man sollte den Grund für seinen Protest oder das Weinen des Babys verstehen und darauf angemessen, prompt und feinfühlig reagieren. Denn wenn es die Erfahrung macht: *Da ist jemand, der mich beschützt, mich liebt und auf meine Signale liebevoll reagiert*, wird die Bindungsbeziehung zwischen Ihnen als Eltern und Ihrem Baby immer mehr wachsen und sich festigen. Durch die ständigen Interaktionserfahrungen, die es im Alltag mit Ihnen macht, die geprägt sind von Feinfühligkeit, Zuwendung, Liebe und Verlässlichkeit, entsteht mit der Zeit das Urvertrauen Ihres Kindes und der sichere Bindungsaufbau zu Ihnen als seinen Eltern und seiner Bezugsperson.

Da der Aufbau der Bindung nicht von heute auf morgen geschieht, sondern unzähliger Interaktionserfahrungen im Alltag bedarf, bietet sich Ihnen hier eine große Chance, ihn gelingen zu lassen und liebevoll zu begleiten. Wenn Sie Ihr Baby von Beginn an als ein gleichwertiges, kompetentes Wesen betrachten, dem Sie feinfühlig und respektvoll begegnen, schaffen Sie eine wunderbare Grundlage, damit ein sicherer Bindungsaufbau gelingen kann und Ihr Kind die Möglichkeit und den Raum erhält, seine zwei Grundbedürfnisse – den Beziehungswillen und den Gestaltungswillen – gesund zu entwickeln.

Und all die Arbeit, die Mühe und Zuwendung, die Sie im ersten Lebensjahr in diese Bindungsbeziehung zu Ihrem Baby hineingeben und investieren, wird das Fundament, die Basis sein, von der aus das Kind in die Welt und die Exploration, die Erkundung und Eroberung seiner Umgebung, starten wird, mit welchem Urvertrauen es in die Beziehung zu anderen Menschen blicken wird und mit welchem Lebensglück es später ausgestattet ist.

Wenn es uns als Eltern, als Pädagogen und als gesamter Gesellschaft gelingt, Kinder von Geburt an als gleichwertig und kompetent zu betrachten, wenn wir ihre Einzigartigkeit, Selbstbestimmtheit und Selbstwirksamkeit anerkennen und zulassen und zu ihnen eine sichere Bindung aufbauen, werden wir einen wichtigen Grundstein dafür legen, dass sich Kinder gesund und frei entwickeln können und wir in der Zukunft eine Gesellschaft haben, die die Welt mit Lebensfreude mitgestalten und erleben wird.

Anmerkungen

1 Hermann Hesse, aus: «Stufen» (Gedicht von 1941).
2 Karl Heinz Brisch: www.khbrisch.de
3 Vgl. Susanne Mierau: *Mutter. Sein. Von der Last eines Ideals und dem Glück des eigenen Wegs*, Weinheim: Beltz 2020, S. 45.
4 Siehe dazu das Manuskript einer Sendung von Prisca Straub mit dem Titel *Starke Bindung. Der Anfang von Beziehung*, ausgestrahlt im Bayerischen Rundfunk (Bayern 2), am 27.11.2019, 9.30 Uhr.
5 Vgl. Fabienne Becker-Stoll: *Bindung. Eine sichere Basis fürs Leben*, München: Kösel 2018, S. 19.
6 Vgl. ebd., S. 21.
7 Vgl. Remo Largo: *Babyjahre. Die frühkindliche Entwicklung aus biologischer Sicht*, München: Pieper 2009, S. 19f.
8 Vgl. Claudia Schüler: Kindererziehung – um was geht es wirklich?, in: *Erziehungskunst frühe Kindheit*, Stuttgart: Verlag Freies Geistesleben, Ausgabe 04/2020, S. 6.
9 Friedhelm Beiner: *Was Kindern zusteht. Janusz Korczaks Pädagogik der Achtung*, Gütersloh: Gütersloher Verlagshaus in der Verlagsgruppe Random House GmbH, München 2008, S. 112.
10 Käthe Bleicher: *Sicher eingewöhnen. Wie ein einfühlsamer Übergang in die Krippe gelingt*, Stuttgart: Verlag Freies Geistesleben 2020.
11 Remo Largo: *Babyjahre* (Anm. 7), S. 156f.
12 Ebd., S. 158.
13 Zitat aus: *Die Würde des kleinen Kindes 2*, Dornach: Verlag am Goetheanum 2020, S. 25.
14 Reinald Eichholz: Die Würde des Kindes. Zum Problem von Kinderrechtsverletzungen während der Schwangerschaft, Geburt und in den ersten Lebenstagen, in: Michaela Glöckler, Claudia Grah-Wittich (Hrsg.): *Die Würde des kleinen Kindes 2*, Dornach: Verlag am Goetheanum 2020, S. 21.

Verwendete Literatur

Becker-Stoll, Fabienne (2018): *Bindung. Eine sichere Basis fürs Leben.* München: Kösel.

Beiner, Friedhelm (2008): *Was Kindern zusteht. Janusz Korczaks Pädagogik der Achtung.* Gütersloh, Gütersloher Verlagshaus in der Verlagsgruppe Random House GmbH, München.

Bleicher, Käthe (2020): *Sicher eingewöhnen. Wie ein einfühlsamer Übergang in die Krippe gelingt.* Stuttgart: Verlag Freies Geistesleben.

Brisch, Karl Heinz (2010): *SAFE. Sichere Ausbildung für Eltern.* (3. Aufl. 2011) Stuttgart: Klett-Cotta.

Brisch, Karl Heinz (2014): *Säuglings- und Kleinkindalter. Bindungspsychotherapie – Bindungsbasierte Beratung und Psychotherapie.* (4. Aufl. 2018) Stuttgart: Klett-Cotta.

Glöckler, Michaela, Grah-Wittich, Claudia (Hrsg.) (2020): *Die Würde des kleinen Kindes 2.* Dornach: Verlag am Goetheanum.

Largo, Remo H. (2000): *Babyjahre. Die frühkindliche Entwicklung aus biologischer Sicht.* (20. Aufl. 2009) München: Piper Verlag.

Pickler, Emmi u.a. (1994): *Miteinander vertraut werden. Erfahrungen und Gedanken zur Pflege von Säuglingen und Kleinkindern.* (4. Auflage 2005) Freiburg: Arbor Verlag.

Zeitschrift: *Mit Kindern wachsen. Special Säugling und Kleinkind.* (2009) Freiburg: Arbor Verlag.

187 Seiten, Klappenbroschur
ISBN 978-3-7725-2674-9

Worauf kommt es an, wenn mein Kind in die Krippe kommt? Wie soll ich mich bei seiner Eingewöhnung verhalten? Was ist, wenn mein Kind weint? Und welche Rolle hat das pädagogische Personal? Wie gehe ich als ErzieherIn auf die Sorgen der Eltern ein?
Anschaulich stellt Käthe Bleicher ein erprobtes, am einzelnen Kind orientiertes Modell der Eingewöhnung in Krippe, Spielgruppe oder Tagesbetreuung vor. Mit vielen Anregungen, pädagogischen Hinweisen und der Berücksichtigung von Elternfragen ist dieser Ratgeber ein hilfreicher Begleiter, um das Kind sicher und behutsam in seine neue Lebensphase zu führen.